墨香财经学术文库
“十二五”辽宁省重点图书出版规划项目
辽宁省社会科学规划基金重点项目（L21AFX005）

反垄断执法和解制度研究

Research on Settlement System of Anti-Trust Law

吴琼　王春花　著

东北财经大学出版社 Dongbei University of Finance & Economics Press　大连

图书在版编目（CIP）数据

反垄断执法和解制度研究 / 吴琼，王春花著．—大连：东北财经大学出版社，2023.9

（墨香财经学术文库）

ISBN 978-7-5654-4884-3

Ⅰ. 反… Ⅱ. ①吴… ②王… Ⅲ. 反垄断法-行政执法-研究-中国 Ⅳ. D922.294.4

中国国家版本馆CIP数据核字（2023）第129185号

东北财经大学出版社出版发行

大连市黑石礁尖山街217号 邮政编码 116025

网 址：http：//www.dufep.cn

读者信箱：dufep @ dufe.edu.cn

大连图腾彩色印刷有限公司印刷

幅面尺寸：170mm×240mm 字数：145 千字 印张：10 插页：1

2023年9月第1版 2023年9月第1次印刷

责任编辑：高 铭 章北蓓 责任校对：那 欣

封面设计：原 皓 版式设计：原 皓

定价：58.00元

教学支持 售后服务 联系电话：（0411）84710309
 举报电话：（0411）84710523

如有印装质量问题，请联系营销部：（0411）84710711

前言

本书是“优化营商环境背景下我省反垄断执法和解制度研究与实践”（项目编号：L21AFX005）的重点项目之一，于2021年获得辽宁省社会科学规划基金的资助。该项目的前期阶段性理论研究成果，着眼于反垄断执法和解制度的探讨。

反垄断执法和解制度是建立在执法机关与涉嫌垄断经营者平等自愿的基础上，通过协商达成和解协议而终止调查的反垄断执法方式。相对于传统的执法方式，该制度通过与经营者达成和解协议而中止或者终止案件调查的方式，能够在节约执法成本的情况下最大限度地提高执法效率，实现反垄断法执法的效率中心价值取向。但是，执法和解制度的目标并非单纯提高执法效率，而是在公平和效率之间寻求平衡。一方面，要打击垄断行为，特别是严重破坏市场竞争秩序的垄断行为；另一方面，还要及时处理日益增多且调查难度不断提高的垄断案件。因此，执法和解制度作为一种制度设计，已经成为各发达国家和地区提高执法效率的主要选择之一。

执法和解制度具有深厚的理论基础。首先，公法私益化理论在现代国家治理理论中得到重视和完善，为执法和解制度提供了坚实的社会学、法学理论基础。其次，成本-收益理论的应用和发展为执法和解制度提供了经济学的理论基础。美国、欧盟等国家和地区在该制度的立法中建立了相对完善的制度，并在执法领域中取得了卓有成效的进步。

本书借鉴国外先进的立法和执法经验，结合我国经济社会发展的现实情况，旨在全面、深入地研究反垄断执法和解制度。目标是提出一个相对完善、有针对性的执法和解制度，以适应我国现有制度构建的需求。

本书的研究主要集中在和解制度的法律定义、理论基础和价值基础分析，制度适用范围和条件，以及和解协议的监督和执行方面。本书紧密围绕着执法机关、被调查经营者、第三方和社会公众之间的利益博弈展开。首先，对执法和解制度的基本理论、概念界定等方面问题进行多层次、多维度的研究；其次，通过比较主要发达国家对该制度的介绍，为我国的立法、执法实践提供具体的可操作的建议；最后，针对我国的立法实践，特别是在反垄断执法机构改革的背景下，对执法和解制度在我国的完善提出建议。

本书主要通过以下五种研究方法来实现以上目标：一是文献研究法，对美国、欧盟、澳大利亚、日本等主要发达国家和地区的执法和解制度的制度构建、发展演进进行综合考察；二是比较分析法，将上述国家和地区的立法与执法实践与我国的情况进行综合比较分析，特别是对制度的启动条件、第三人保护、执法机关与经营者之间的利益博弈等方面进行比较分析；三是历史分析法，主要通过研究美国、欧盟等国家和地区的执法和解制度生成和发展的历史背景、原因和目的，在充分考虑研究对象所处的历史、经济、政治、法律、人文等环境的基础上，总结出其发展规律、演变趋势以及历史意义；四是实证研究法，围绕美国和欧盟近年来的典型代表案例，综合分析2008—2018年国家市场监督管理总局和商务部的竞争执法报告，通过实证研究的方法，为理论研究提供检验标准；五是法经济学分析法，对执法和解制度的理论基础、启动、执行等效果进行深入的经济分析。本书的论述围绕执法和解的本质、进行和解的原因、和解的方法、主体之间的利益纠葛以及我国的现实情况和如何完善等问题展开。其追求的目标是在反垄断法的价值目标框架下，最大限度地发挥执法和解的作用，以降低反垄断法弊端的影响。

本书对执法和解制度的研究具有理论和实践上的现实意义。在前人研究的基础上，本书有一定的创新。具体体现在：

首先，对反垄断执法和解制度的研究内容进行了进一步的深化。国外的研究成果涉及执法和解中最为核心的和解契约、和解制度的主要构成以及和解制度与其他执法制度的关系等问题不多，而国内对反垄断执法和解的界定、反垄断执法和解制度的比较研究、和解适用范围和条件、和解决定的内容、变更及其执行以及我国反垄断执法和解的特殊性等问题缺少系统、深入的研究。在《垄断案件经营者承诺指南》（以下简称《指南》）的基础上，本书对其薄弱环节和空白地带进行了深入研究，拓展了国内外反垄断执法和解制度的研究内容，并希望通过系统化的研究得出科学、合理、全面的认识和结论。

其次，本书对反垄断执法和解制度的基本理论范畴进行了界定，对反垄断执法和解制度的价值取向、基本原则、基本理论进行了研究。在反垄断执法和解制度的价值取向方面，本书提出了以效率为中心、兼顾公平的效率中心主义价值取向的观点。在反垄断执法和解程序的性质方面，本书评析了主流观点认为和解程序属于非正式程序的说法，提出了正式程序的观点。本书还提出了反垄断执法和解制度不会降低反垄断法威慑力度的观点。

最后，本书对我国反垄断执法和解制度的立法及有效运作进行了深入研究。目前，我国法律仅勾勒了反垄断执法和解制度的轮廓。因此，在借鉴欧美反垄断执法和解制度的先进经验和成熟做法的基础上，本书思考了我国现行反垄断执法和解制度中存在的问题，并提出了相应的完善建议。

本书通过综合对比主要发达国家和地区的执法和解制度的立法和实践发展，结合我国的经济社会发展情况，提出了若干建议。首先，在制度价值目标上，要坚持效率中心的价值取向，使该制度能够最大限度地节约执法成本、提高执法效率。其次，在立法层面上，要不断完善规则的同一性和准确性，特别是在案件适用范围方面。制度是能够实现价值的核心因素之一，并且要综合考虑竞争危害、产业特征、市场类型等因素，平衡执法机关和经营者、第三人和社会公众之间的利益，并在一定程度上限制执法机关的自由裁量权。最后，在执法层面上，要加强执法机关对经营者履行承诺的监督，进一步完善经营者的法律责任制度。

本书的出版得到辽宁省社会科学规划基金的资助，在此深表谢意。

吴　琼

2023年7月

目录

1 导论 / 1

1.1 研究背景及意义 / 1

1.2 研究定位、思路、内容与方法 / 9

2 文献综述 / 15

2.1 国外研究综述 / 15

2.2 国内研究综述 / 19

3 反垄断执法和解制度的内涵 / 23

3.1 和解制度解析 / 23

3.2 反垄断执法和解的含义 / 29

3.3 反垄断执法和解制度与相关制度的概念比较 / 34

4 反垄断执法和解制度的理论基础和价值分析 / 38

4.1 反垄断执法和解制度的法律性质 / 38

4.2 反垄断执法和解制度的理论基础 / 42
4.3 反垄断执法和解制度的价值分析 / 49

5 我国反垄断执法和解制度的现状及问题分析 / 54
5.1 我国反垄断执法和解制度的现状 / 54
5.2 我国反垄断执法和解制度存在的问题 / 63

6 我国反垄断执法和解制度的法律适用范围的完善 / 78
6.1 反垄断执法和解制度的法律适用的原则 / 78
6.2 反垄断执法和解制度适用范围模式的选择 / 81
6.3 反垄断执法和解制度适用之域外选择 / 85
6.4 我国反垄断执法和解制度受案范围的完善 / 91

7 我国反垄断执法和解制度之程序制度的完善 / 96
7.1 反垄断执法和解制度程序启动方面的完善 / 96
7.2 反垄断执法和解制度执行方面的完善 / 100

8 完善我国反垄断执法和解制度中第三人权益的保护 / 117
8.1 第三人权益的界定 / 117
8.2 我国反垄断执法和解制度中第三人权益保护的现状 / 122
8.3 反垄断执法和解协议中第三人权益保护机制的完善 / 125

9 研究结论与展望 / 138
9.1 研究结论 / 138
9.2 研究展望 / 142

参考文献 / 144

索引 / 153

1 导论

1.1 研究背景及意义

1.1.1 研究背景

在反垄断法的执法机关开始调查垄断案件后，如果被调查的经营者与执法机关就中止、终止、修正或从事特定行为达成非正式和解协议，并且执法机关认为经营者所承诺履行的行为可以消除垄断行为造成的消极影响，那么可以根据达成的和解协议作出终止调查的决定。这种协议具有合同效力，是执法和解契约化的一种表现，对双方都有约束力。协议的内容主要包括经营者承诺履行的内容、采取的措施（以消除先前行为对市场竞争造成的不利影响）、履行协议的期限以及不履行或不完全履行的法律责任等。

在一些国家或地区，“和解”制度也被称为“经营者承诺”制度。承诺制度的本质是和解，在我国的实践中已基本得到确认。《中华人民共和国反垄断法》（以下简称《反垄断法》）颁布后，全国人民代表大会常务委员会法制工作委员会明确指出“承诺制度是反垄断执法机关与被调查的经营者和解的一种重要方式”。

反垄断法的执法和解制度起源于美国的司法实践。由于美国司法实践中有辩诉交易制度，因此美国的反垄断执法机关在此经验基础上，发展出了同意判决（Consent Decrees or Consent Judgment）制度和同意命令（Consent Order）制度，并在实践中广泛采用。这两种制度也是世界上最为完善、历史最为悠久、案件处理量最大，并且执法经验最为丰富的执法和解制度。在美国法律体系中，和解制度是普遍存在的，无论是在劳动法、环境法、刑事法律和反托拉斯法中，和解制度都被认为是现代规制型政府的基石。①

自20世纪初第一例反托拉斯法的执法和解案件实施以来，美国的反垄断执法和解进程可以分为三个阶段。第一个阶段是原始阶段，大约从1906年持续至1961年。在此阶段，由于执法机关缺乏完善的框架体系，虽然执法和解广泛存在，但存在诸多问题，例如权钱交易、司法审查不够严格、第三方利益和社会公共利益的失衡等。

第二个阶段是1962年至1974年，联邦贸易委员会（Federal Trade Commission，FTC）制定了同意命令程序规则，随后在1974年颁布了《反托拉斯程序与处罚法》（Antitrust Procedures and Penalties Act），即《特尼法案》（Tunney Act）。FTC的规则程序并不是一个由国会通过的法律程序，而是其自行订立的内部工作流程。一般情况下，副处级官员可以对涉嫌垄断行为发起调查，结束后提交给5位委员进行投票，如果多数票赞成起诉，则委员会将签发行政起诉状，案件正式进入行政裁决程序。而《特尼法案》则要求，在司法部反托拉斯局提起反托拉斯民事诉讼后，如果想要与经营者达成和解协议，则必须将和解协议提交给法院，并提交一份《竞争影响意见》（Competitive Impact Statement），以说明经营者履行承诺消除垄断行为的不当影响。法院同意后，需要在官方渠道公布60天以征求公众意见，之后可以决定是否召开听证会以确保

① LUBAN D.Settlements and the erosion of the public realm［J］. Georgetown Law，1995（83）：2619.

和解协议符合社会公共利益的要求。

第三个阶段是1975年至今，是框架的完善阶段。在此期间，司法部修订了同意命令程序规则，尤其强调对公共利益的确认和保护。早期的联邦贸易委员会对同意命令程序进行了五次修改。2004年，司法部颁布了《反托拉斯刑事处罚强化与改革法》(Antitrust Criminal Penalty Enhancement and Reform Act)，使得美国的反托拉斯和解制度更加成熟。

美国司法部同意判决制度源自《保护贸易及商业以免非法限制及垄断法案》(又称《谢尔曼法》)，是为了执行该法而设立的制度，在美国的反垄断执法实践中具有举足轻重的地位。当司法部向联邦法院提起反垄断民事诉讼时，一方面，司法部可以根据案件性质主动提出条件与被告进行和解；另一方面，被告也可以向司法部提出通过履行一定的作为或不作为的方式来消除、减少特定对象所遭受的损失以及消除垄断行为对市场竞争造成的影响。双方达成一致后，会将协议内容提交法院审查，若法院认为该协议符合公共利益，则可以作出一个与协议内容一致的同意判决。[①]同意判决是依据双方的约定，因此不需要进行进一步调查，也不需要被告承认行为的违法性。[②]采用同意判决方式可以节约司法成本，同时减少被告在后续私人诉讼中的不利证据。由于竞争诉讼案件涉及的经济问题和证据问题特别冗繁，所以在同意判决程序中这些问题得以消除。因此，同意判决可以解决在传统对抗案件中几乎不可能解决的证据问题，通过涉案者与执法机关的约定达成解决方案。同意判决不仅仅是一种双方或多方之间的契约安排，而且是法院的判决，因此将契约制度的便利性与法院判决的影响力完美结合，成为执法和解契约化解纠纷的最好方式之一。

同意判决还对涉案者有利。根据《特尼法案》，法院依据和解协议作出的同意判决不能作为其他诉讼中认定被告行为违法的证据。因此，被告不仅可以利用“初步证据规则”避免司法判决的3倍赔偿，还可以

① GAVIL A I, KOVACIC W E, BAKER J B.Antitrust law in perspective: cases, concepts, and problems in competition policy [M]. New York: NY Foundation Press Thomson/West, 2008: 46.

② GAVIL A I, KOVACIC W E, BAKER J B.Antitrust law in perspective: cases, concepts, and problems in competition policy [M]. New York: NY Foundation Press Thomson/West, 2008: 55.

避免展开正式控诉程序引起的巨额开支、信息公开问题，以使法律风向、营业风向最小化。[①]此外，法院的裁决具有强大的效力和权威，因此同意判决的解决方式备受司法部门和企业青睐。正因如此，同意判决已经逐渐成为司法部门在反托拉斯民事诉讼中最常用的结案方式。据统计，1906年到1940年间，司法部门提起的案件中有25%采用同意判决方式结案；1940年到1958年间，这一比例上升到52.5%；在1962年到1974年间，这一比例进一步上升到70%，并在20世纪70年代后期接近80%。[②]另外一组研究数据更清晰地说明了同意判决的采用程度。1906年到1909年间，司法部门有30%的反托拉斯民事诉讼是采用同意判决结案的。在随后的40年里，这一比例上升到73%。在1955年到1974年间，这一比例曾经达到了93%。随着《特尼法案》加强法院司法审查程序的要求，1975年到1984年间，这一比例下降到87%。在1985年以后，同意判决的比例始终保持在85%到87%之间，并没有太大的变化。[③]

除了司法部，美国的反托拉斯执法机构还包括联邦贸易委员会。该委员会在执法过程中实行的是所谓的同意命令制度，即在正式调查命令发起后，被调查者可以主动采取一定手段或者接受委员会提出的条件要求，从而达成和解协议。如果双方达成协议，委员会则会公告协议内容并由利害关系人和社会公众进行审查监督。委员会可以通过发布终止令或同意命令进行结案。同意命令源自联邦贸易委员会自身的《规则程序》（Code of Federal Regulations）中引入的约定程序（Stipulation），该程序规定在正式控诉前，当事人承认行为具有违法性，并承诺停止危害行为，委员会可以与其私下达成协议并对案件终止调查，该协议内容并不公开。1961年7月21日，联邦贸易委员会修改了规则程序，用同意命令的方式替代了约定程序。同意命令不再要求相对人承认违法事实，只要相对人愿意遵从委员会向其发出的命令，就可以通过达成一个包含

① DS KONCZAL. Ruing Rufo：ramifications of a lenient standard for modifying antitrust consent decrees and an alternative［J］. The George Washington Law Review，1996（65）：130-169.

② GREEN C. 1982 AT&T consent decree—strengthening the antitrust procedures and penalties act［J］. Howard Law Journal，1984（13）：905.

③ GEORGIEV G S. Contagious efficiency：the growing reliance on U. S.—style antitrust settlements in EU law［J］. Social Science Electronic Publishing，2007，35（5）：102.

同意命令内容的协议终止案件调查。根据此项规定，联邦贸易委员会可以在调查的任何阶段，只要案件性质和公共利益允许，被调查的行为人就可以向负责案件调查的委员会执行局或地区办事处提出同意命令的适用简易程序。

在20世纪70年代之后，随着经济高速发展，反垄断执法的调查取证难度也不断加大。然而，执法和解制度赋予执法机关较大的自由裁量权，并通过司法审查和扩大公众监督的方式，使执法机关所代表的公众利益得到保护。正因如此，欧盟区域的国家逐渐将和解制度引入到本国的反垄断执法中，并形成了适合本国和本区域发展的制度，澳大利亚、日本等国家也普遍采用了该制度。

欧盟和解制度的发展历经了消极澄清（Negative Clearance）、申请豁免（Exemption）、豁免类安慰函（Exempting Comfort Letter）、经营者承诺（Commitment Decision）等几个阶段。在欧盟法中，规制市场活动主体垄断行为的最主要条款是欧盟条约的第81条和第82条。第81条主要针对协议垄断行为，而第82条主要对滥用市场支配地位行为进行规范。

在欧盟，企业集中申报中采用了一套相对独立的条例体系，最早的法律是欧共体理事会1989年出台的《关于企业集中控制的第4064/89号条例》。现阶段欧盟委员会的执法和解制度被称为经营者承诺制度，其依据主要来自《关于实施欧共体条约第81条和第82条竞争规则的第1/2003号条例》（以下简称《第1/2003号条例》），其第9条中确定了经营者承诺制度。在该条例规定引入之前，欧盟委员会在处理执法和解程序时主要采用非正式的和解程序（Informal Settlement Procedure）。该程序的主要依据是欧盟理事会在1962年2月6日发布的第17号条例（以下简称《第17号条例》），该条例是实施欧共体条约第81条和第82条（原条约第85条、第86条）的第一个二级立法文件，为欧盟委员会执行竞争政策提供了几乎所有的程序权力。在规定引入之后，非正式和解程序和正式程序并列存在。非正式承诺处理的第一个案件是1984年的IBM案，之后还出现了多个承诺决定案件，例如1997年的La Poste案等。直到《第1/2003号条例》的实施，非正式和解程序才得以在第9条中得到制度化。该条例规定："当委员会打算制止某一违法行为并作出决定时，如果相关企业作出的承诺可以消除委员会对企业初步评估（Preliminary Assessment，PA）中所表明的担忧，委员会可以作出一个对该企业有约束力的承诺决定，其中可以规定具体期限，并且可以作为委员会目前尚无理由对企业采取行动的依据。但是，如果发生以下情况，委员会则可以重新启动之前的程序：①决定依据的事实发生了实质变更；②相关企业违反了其承诺；③决定是根据当事人提供的不完整、错误或误导性信息作出的。"与过去的《第17号条例》相比，《第1/2003号条例》的规定有很大的变化。首先，最主要的变化在于通过引入和解决定（Settlement Decision），将以往的非正式调查程序发展成为正式调查程序，并赋予该程序以法律效力。这一点与美国同意判决程序具有类似的性质，其都是通过协商的方式所达成的正式决定。[①]也因此，和解决定成为反垄断法正式程序之一。但是也有人质疑，因为在对待相同案件时，委员会同时拥有正式和非正式程序两种武器，对于委员会来说，在原本《第17号条例》中很大的自由裁量权现在变得更大了。[②]其次，条例增加了保障措施。例如，第23条和第24条规定，如果涉案企业未能遵守承诺，将会受到罚款（Fines）和按周期性罚款（Periodic Penalty Payment）的惩罚。条例还增加了透明度原则，根据第27条第4款的规定："在作出承诺决定之前，委员会应该公告案件摘要、承诺或拟进行程序的主要内容。具有利害关系的第三方可以在委员会规定的不少于一个月的期限内提出抗辩。"从2003年至2016年，欧盟委员会作出的承诺决定案件共有33起，所占比例超过50%。[③]

欧盟的主要成员国，如德国、意大利、英国等国家，在本国的反垄断执法实践中规定了执法和解制度。尽管这些制度在一些条款上适应了本国的特殊国情，但其基本内容与欧盟经营者承诺制度类似。有些国家甚至直接摘抄欧盟经营者承诺制度的原文。

---

① COOK C. Commitment decisions: the law and practice under Article 9 [J]. World Competition, 2006 (29): 209-228.

② WILS W P J.Settlements of EU antitrust investigations: commitment decisions under article 9 of Regulation No.1/2003 [J]. World Competition, 2006 (3): 29.

③ WILS W P J.Settlements of EU antitrust investigations: commitment decisions under article 9 of Regulation No.1/2003 [J]. World Competition, 2006, 29 (3): 209-228.

例如，德国在2005年修订的《反对限制竞争法》中增加了第32b条（和解）条款，其内容基本复制了欧盟《第1/2003号条例》的第9条。根据32b的内容，如果被调查的经营者在卡特尔当局作出对限制竞争行为的处罚决定之前，主动向当局提出通过作为或不作为来消除不正当竞争的影响，并承诺能消除卡特尔当局在初步评估中的担忧，当局就可以作出决定，宣布经营者与当局达成的承诺协议对其具有法律约束力。但如果在经营者履行期间，客观情况发生了重大变化，或者经营者没有履行承诺，或者当时作出的决定是基于经营者虚假陈述作出的，则当局可以撤回当时的决定。

类似地，意大利的执法当局（Italian Competition Authority，ICA）颁布了适用于承诺制度的实施程序通知（《法律第287号》第14条款实施程序通知，Notice Relating to the Implementation Procedure Pursuant to S.14-ter of Law No.287）。[①]澳大利亚在2010年颁布的《竞争和消费者法案2010》（Competition and Consumer Act 2010）对1992年颁布的《贸易行为法》的第87条B项中规定的书面承诺（written undertaking）制度进行了细化。[②]日本在《禁止私人垄断及确保公正交易法》（以下简称《禁止垄断法》）中确定了劝告审决和同意审决两种承诺制度。但经过2005年的修订，《禁止垄断法》已废除了劝告审决的方式，以直接对企业发出排除措施命令的方式替代，收到命令的经营者可以接受也可以申请执法机关就该排除措施进行行政审判程序。

1.1.2 研究意义

《反垄断法》素有“经济宪法”之称，我国自2008年8月1日起已实施15年。然而，仅靠法律条文是不足以维护市场竞争秩序的。尤其在反垄断执法方面，我国与发达国家之间仍存在差距。自2018年三大执法机关职能合并为国家市场监督管理总局后，原经营者集中的执法权已移交至总局反垄断执法二司，其他执法权则集中在一司。据网站统计

---

① WOODS D. The new EU competition rules for co-operation between competitors of December 2010［J］. Antitrust Chronicle，2011（2）：3.

② SONJA EIBL. Commitment decisions：an Australian perspective［J］. European Competition Law Review，2005，20（6）：328-337.

数据，执法机构改革之前，截至2017年年底，国家工商行政管理总局（2018年上半年改为国家市场监督管理总局）以及国家发展和改革委员会（以下简称国家发改委）共计查处案件数量不断上升，其中国家工商行政管理总局2017年查处了39件案件，国家发改委查处了213件。反垄断执法面临的考验越来越大，特别是在新兴领域，由于缺乏经验可借鉴，垄断行为的隐蔽性越来越强，调查取证的难度也不断增大。因此，反垄断执法和解制度的引入和完善对我国提高执法效率、降低执法成本以及更好地维护市场竞争秩序以保护社会公共利益具有重要意义。

本书有以下三个方面的意义：

第一，在理论层面，我国学术界对于反垄断法的研究存在重实体轻程序、重立法轻执法的倾向。同时，现有的关于反垄断执法的研究文献主要聚焦于反垄断执法机构的设置和执法权的配置，而对反垄断法的程序制度（例如反垄断执法和解制度）探讨较少。随着国家机关的机构改革，三大执法机关的执法权统一，执法机关的设置和执法权的配置也有了新的变化。反垄断和解制度作为一种新型的法律程序，在经济法、行政法和民商法等制度因素的交织下，与传统的执法程序存在诸多不同。因此，本书旨在深入探讨反垄断执法和解制度，回答诸如跨越公法与私法，涉及经济法、行政法和民商法等方面的问题。本书将关注反垄断执法和解制度对于传统的禁止公权力处分的法律原则所构成的挑战。我们将探讨反垄断法和解制度在实践中的表现，以及它们如何适应不同的法律制度和社会文化背景。我们还将探讨经营者选择和解的原因，以及反垄断执法和解制度对于反垄断法的威慑力度是否会降低等问题。本书的研究对象是“反垄断实施中的执法和解制度”，旨在深化反垄断法和经济法程序制度的研究。我们将探讨反垄断执法和解制度在提高反垄断法执法效率方面的作用，以及其在实践中存在的不足和如何加以完善。我们相信，这些探讨对于学术界、决策者、调解主体和调解受体以及公众都具有重要的理论和实践价值。

第二，在实践中，传统的国家干预采取命令式服从的模式，将调解主体和受体完全对立起来，忽视了受体的主观能动性。政府在执行干预政策时，由于忽略了受体的意愿，往往遭到受体的消极对待，所以导致政府干预的效果并不理想，甚至出现失灵的情况。然而，在反垄断法执法中采用和解协议的私权契约干预模式则能够有效解决政府干预过程中存在的上述问题。因此，本书的研究有助于实现政府干预模式的转型，促进调解主体和受体对执法和解契约化国家干预的认识，并提高政府干预的效果。相对于传统的强制措施，反垄断和解制度作为一种柔性的执法手段，能够更好地提高我国反垄断执法的威慑力和效率。此外，相对于传统的调查处理程序，反垄断和解制度方便执法机关迅速、灵活地处理案件，符合反垄断法以效率为中心的价值取向。虽然我国已经规定了反垄断和解制度，但是其可操作性并不强，人们对该制度也存在认识上的差异，因此该制度并没有得到充分的应用。本书的研究对于改变人们的观念，完善反垄断执法和解的规则，平衡在和解协议中执法机关和经营者之间的利益博弈，构建和谐的执法环境，提高消费者福利，发挥反垄断法应有的功能以及促进我国市场经济的健康、快速发展具有积极的意义。

第三，本书的研究具有极其重要的社会意义。党的二十大报告提出，要“构建全国统一大市场，深化要素市场化改革，建设高标准市场体系。完善产权保护、市场准入、公平竞争、社会信用等市场经济基础制度，优化营商环境”，同时还要“加强反垄断和反不正当竞争，破除地方保护和行政性垄断，依法规范和引导资本健康发展”。反垄断和解制度的本质是政府干预权力运作方式的创新，是反垄断执法机关吸收涉嫌垄断的经营者参与反垄断执法，处理政府与市场主体关系的新尝试，符合党的二十大报告提出的建设高标准市场体系和优化营商环境的要求，也是破除地方保护和行政垄断的一种有效手段。

1.2 研究定位、思路、内容与方法

前述内容已明确了反垄断执法和解制度研究的背景和重要意义，本节主要介绍研究定位与思路、研究内容与方法。

1.2.1 研究定位

反垄断法的理论制度发展并不久远，自1890年美国《谢尔曼法》的颁布至今仅有不到130年的历史。执法和解制度几乎与反垄断法同步出现，各国的反垄断法中也无一例外地规定了该项制度。虽然各国的立法实践中的制度规定存在一些差异，但执法和解的目的基本相同或类似。虽然执法和解在反垄断法体系中并未占据很大篇幅，但其已成为反垄断执法中非常重要的一种方式。①早期为了更有效地打击垄断行为，各国采用较为严格的正式调查手段，维护市场竞争秩序和社会公共利益。然而随着经济全球化进程的推进，垄断案件数量与实施垄断行为的经营者数量不断增加。同时，新技术和新经济形态的发展使垄断行为更加隐蔽、危害性更强，导致垄断行为的调查取证难度加大。因此，执法机关越来越倾向于采用柔性执法手段，如执法和解。据统计数据，美国司法部在处理非核心卡特尔案件中，同意判决的比例能够超过60%；欧盟在处理滥用市场支配地位和垄断协议案件中，排除适用范围以外的案件，接受经营者承诺的比例也能达到一半左右。②

我国的反垄断执法和解制度在中国电信、中国联通滥用支配地位实施价格歧视案件之后开始逐渐引起学者和社会的广泛关注。执法机关也逐渐开始重视这种柔性执法手段在实践中的应用。这两家企业属于管制行业企业，广受公众所熟知，并且其很多做法也曾引起过很大的争议，特别是在《反垄断法》生效实施以后，公众寄希望于此法能够“惩恶扬善”。

然而，最终国家发改委在两家企业的官方网站提出整改措施后，并没有公布案件的调查情况以及披露是否接受了两家企业的申请，只是在2012年3月正式公布了对两家企业的履行承诺行为进行监督。截至本书完稿，官方渠道并没有再透露出后续的消息。这使得无论是学界还是公众都对大型国有企业是否已经利用制度便利“绑架”了执法者产生巨大的疑虑。回顾此案的过程可以发现，此案确实对于完善我国的执法和解

① 王立南. 论反垄断法中的经营者承诺制度［J］. 中国商论，2015（4）：41-45.

② HEIKE SCHWEITZER. Commitment decisions under art. 9 of regulation 1/2003: the developing EC practice and case law［J］. EUI Working Papers Law，2013（22）：35.

制度提出了很多值得思考的问题。当执法机关选择适用和解制度时，是否有特定的标准和依据？经营者的承诺行为是否能够消除垄断行为带来的直接影响和潜在影响？其他经营者以及消费者能否进一步就垄断行为提起私人诉讼？对于经营者所承诺履行的义务如何进行监督？是否能够达到预期的效果？这些问题都因为《反垄断法》中对于和解制度规定不甚详细而引发了社会各界的担忧。

2014年6月3日，国家工商行政管理总局[①]（2018年更名为国家市场监督管理总局）针对北京盛开体育发展有限公司的垄断案作出了中止调查的决定。2015年1月12日，该局作出了终止调查的决定。该案是国家市场监督管理总局适用和解制度后公布细节最全面的案件之一。总局将此案作为2015年的第1号竞争执法公告[②]，试图将该案的执法细节作为各省级执法机关对类似案件的执法依据和参考，并展示其对和解制度的执法能力和专业态度。然而，根据公告内容，我国立法对执法和解制度的规范不够完善，细节规范的准确性也有所欠缺，因此导致执法和解制度在第三方权利救济、违约责任、执法监督等细节内容上存在缺陷。

截至2018年8月，国家发改委和国家市场监督管理总局共处理了349起反垄断法案件，其中40起作出了中止调查的决定，即接受经营者提出的承诺，占比11.5%。在2008年至2015年的7年间，共接受了24起和解案件。2016年和2017年每年接受的和解案件数量均为8起，呈现递增趋势。

总的来说，目前我国的反垄断执法和解制度的法律法规体系已经建立，但仍存在不完善的地方。我国的《反垄断法》第53条规定了经营者承诺制度，而国家发改委2010年颁布的《反价格垄断行政执法程序规定》（以下简称《程序规定》）和国家工商行政管理总局2009年颁布的《查处垄断、滥用市场支配地位案件程序规定》（以下简称《程序规定》）则对经营者承诺制度作出了规范。但是，这些规定在内容上并没有超出

① 2018年3月，根据第十三届全国人民代表大会第一次会议批准的国务院机构改革方案，将国家工商行政管理总局的职责整合，组建中华人民共和国国家市场监督管理总局；将国家工商行政管理总局的商标管理职责整合，重新组建中华人民共和国国家知识产权局；不再保留国家工商行政管理总局。

② 林文，甘蜜．中国反垄断行政执法大数据分析报告（2017）[J]．竞争法律与政策评论，2017（1）：30.

《反垄断法》的范围，而且在应对反垄断实践中的所有问题方面仍有不足。例如，存在适用范围不够明确、缺乏公众参与机制以及公共利益保护规则等方面的缺失。此外，执法方面也存在问题，特别是不同的反垄断执法机关（如国家发改委和国家市场监督管理总局）在执法实践中存在较大差异，改革也尚未同步推进。2016年2月3日，国家发改委根据国务院反垄断委员会的工作计划，起草了《垄断案件经营者承诺指南》（征求意见稿）（以下简称《指南》），该指南共18条，以欧盟《第1/2003号条例》为蓝本，欧盟委员会的相关备忘录为补充，对和解制度的目的、意义、适用范围、第三方权利义务的保护等方面进行了完善。然而，该指南中仍存在许多不清晰之处，如概念的界定、和解程序的启动、执法机关自由裁量权的限制以及被调查经营者的法律责任和救济等方面。因此，本书选择反垄断法实施中的执法和解制度为研究对象，旨在通过对各国立法和执法实践的研究和对比分析，找出我国在实施该制度时可能面临的问题和薄弱环节，并提出自己的观点，以期在完善该制度的基础上，进一步提高我国反垄断法执法的能力和水平，从而使反垄断法在维护市场竞争秩序和保护社会公共利益方面发挥更大的作用。

1.2.2 研究思路

主要的研究思路为：通过厘定概念，并综合归纳相关理论概念的特点和内涵，提出问题之所在，对比分析找到成因，并据此提出解决问题的思路、方法以及制度构建的路径。

1.2.3 研究内容

自立法以来，《反垄断法》广受社会公众关注，人们期望这部“经济宪法”在遏制垄断行为、维护市场竞争秩序和保护公共利益方面发挥更大的作用。然而，对于一部法律而言，其执行效果才是判断其真正社会价值的标准。尽管我国反垄断法的实体制度规定相对完备，但其程序制度的规定较为粗糙，反垄断执法还处于摸索阶段，执法机关经验不足。因此，对反垄断法的关注点逐渐从实体制度转向程序制度。反垄断法执行和解制度作为公共执法中的程序制度，已成为美国、日本、韩国、欧洲等国家和地区反垄断法的关键制度。从20世纪50年代到21世纪初期，美国司法部提起的反垄断民事诉讼通过达成和解协议的方式实现结案的比例超过90%，其中既包括美国铝业这样的传统垄断行业，也包括IBM、微软、英特尔这样的新兴巨型企业。我国《反垄断法》第53条对和解制度作出了规定，并颁布了《指南》，但从现有和解案件的执法情况来看，仍然存在许多问题值得研究和思考。因此，对执法和解制度的进一步研究、正确认识反垄断执法和解制度、细化反垄断执法规则等具有理论和实践意义。

本书的主要研究内容是“反垄断执法和解制度”。为了对该问题进行深入研究，首先，需要厘清“和解”（经营者承诺制度）的内涵，并通过对其含义、法律属性、适用范围等进行梳理，同时与其他相关制度如宽大制度、卡特尔和解协议等进行对比分析，找到该制度存在的理论基础，并对其价值进行评估。其次，在分析反垄断执法和解制度的构成以及背后的利益博弈的基础上，结合我国和解制度的现状，找出该制度在我国现行反垄断执法中存在的不足。最后，通过借鉴美国、欧盟等国家和地区的相关经验，提出对我国反垄断执法和解制度进一步完善的具体措施。

1.2.4 研究方法

关于研究方法，本书主要采用文献研究法、比较分析法、历史分析法、实证研究法以及法经济学分析法。

（1）文献研究法

文献研究法，又称为间接研究法，是一种通过提出假设、确定研究对象和方法，并搜集、查阅与研究内容相关的著作、期刊、报告、立法文件等文献，来提高对研究内容理解和认识的方法。在研究反垄断执法和解制度的过程中，采用文献研究法可以归纳总结对我国执法和解制度完善有实践指导意义的文献，并对这些文献进行综述和分析，从而比较我国现有制度与其他国家的反垄断执法和解制度，结合我国的经济发展情况、执法机关的设置和实践执法环境等因素，提出对现有制度的完善意见。

（2）比较分析法

各国和地区，如美国和欧盟，在执法和解制度的理论和实践方面已经探索了很长时间。不仅有大量的学术研究成果，而且在立法和执法实践方面也有近百年的经验积累。为了提出完善的建议，我们需要先对这些国家的立法概念和执法案例进行分析，并采用比较的思维方式，结合中国的国情来进行分析。

（3）历史分析法

发展变化观点是一种分析客观事物和社会现象的方法，它主要通过研究美国、欧盟等国家和地区执法和解制度生成和发展的历史背景、原因和目的，充分考虑研究对象所处的历史、经济、政治、法律和人文环境，来得出其发展规律、演变趋势以及历史意义。

（4）实证研究法

实践是检验真理的唯一标准。所有理论都应该基于对实际情况的研究，才能得出正确的结论，并提出具有可操作性的建议。如果只停留在分析其他学者的研究成果层面上，那么知识产权与反垄断法的研究就只是纸上谈兵。反垄断执法和解是实现反垄断法对排除限制竞争行为规制较为有效的方法，在世界其他国家和地区，尤其是在互联网行业发展的大背景下，其理论意义不断被各国反垄断学者重视，我国也不例外。因此，只有进行扎实的实证分析，才能抓住反垄断法的本质，并提出合理的建议。

（5）法经济学分析法

法经济学是一门交叉学科，旨在运用经济学理论和方法研究法学理论，分析各种法律现象。这一领域的学者可称其为“经济分析法学”或“法经济学”，也可以用其他学科的术语，如“法和经济学”或“法与经济学”来描述。法经济学的研究方法独特，因此形成了一种独立的法学流派。它不仅涉及法哲学领域中的法律价值等理论问题，也涵盖了具体的法律问题和几乎所有领域的法律。反垄断执法和解问题的形成根源之一就是经济学中的成本-收益理论和博弈理论。因此，在研究这个问题时，法经济学的方法是不可或缺的。

2 文献综述

本章分别从两个维度对反垄断执法和解的相关理论研究进行梳理：其一，依据国外学者的已有研究总结反垄断执法和解制度的相关概念的界定和司法实践；其二，依据我国学者的现有文献归纳目前在立法、司法和实践方面取得的研究成果以及经验。

2.1 国外研究综述

反垄断执法和解制度源自美国。从制度生成的角度来看，最早的同意判决判例可以追溯到20世纪初期。在1906年的奥的斯电梯案中，美国司法部采用了同意判决的方式处理反垄断案件。之后，美国对同意判决和同意命令进行了多次修正。20世纪60年代以后，该制度被移植到了、澳大利亚、日本、欧盟部分成员国等国家和地区。这些国家的学者尤其是美国与欧盟的学者，对反垄断执法和解制度的理论与实践都进行了深入探讨。尽管和解程序已应用100余年，但对于什么是反垄断执法和解决定，众说纷纭，没有取得一致意见。Kramer将美国学术界的主要观点总结为三种：第一种观点认为，和解决定仅仅是双方之间的私人契约；第二种观点认为，和解决定应视为法院的判决；第三种观点认为，和解决定是私人契约与法院判决的混合物。①然而，Shen认为，美国最高法院采用混合物式的观点，这些观点充满了矛盾，因为契约模式强调双方当事人之间的讨价还价，反对司法审查，而司法裁决模式要求法院对和解契约进行严格的司法审查。②Thomas则批评了私人契约与司法裁决的混合模式，认为它没有解释的价值，法院在两个模式之间如何摇摆取决于每个案件的事实真相。换句话说，混合物式的观点其实只是法院的一项“策略”。③Epstein在他的专著《反托拉斯同意判决理论与实践：为何少即是多》中支持混合物式的观点，认为混合物式的观点解释了和解制度为何具有极大的优势。它是私人契约的灵活性与最终判决的法律影响力的结合：一方面，它为双方当事人免除了冗长诉讼所带来的风险和费用；另一方面，反托拉斯和解协议相较于普通的和解协议，在灵活性和最终判决的法律效力方面更具持久性和权威性。然而，反托拉斯执法和解制度的实践也引发了一系列问题。例如，随着和解过程持续时间的延长，和解程序的价值开始降低；反垄断执法和解的适用范围过于宽泛；和解决定的执行通常会对经营者的日常生产经营活动产生影响，有时会因过度的监管规定而承担沉重的负面后果。因此，作者得出结论：在反垄断法中，过度的执法比执法不足更危险。④

Cook认为，反托拉斯执法和解程序的优势在于，它依靠有效的执法资源，能够以较小程度的约束迅速结束公开调查，并提供更富创造性和有效的救济措施。⑤然而，盖尔霍恩等认为，在可预见的未来，效率价值目标可能会长期占据主导地位。⑥对此，Georgieva并不反对经济效率，但他认为，若和解制度盲目追求效率，则会导致其运用超出最佳利

---

① KRAMER L. Consent decrees and the rights of the third parties [J]. Michigan Law Review, 1988, 87 (2): 321-364.

② SHEN B T. From jail cell to cellular communication: should the rufo standard be applied to antitrust and commercial consent decrees [J]. NW.U.L.REV, 1996, 90 (4): 1781-1838.

③ THOMAS M. Mengler consent decree paradigm: models without meaning [J]. Boston College Law Review, 1988, 29 (3): 293.

④ EPSTEIN R A. Antitrust consent decrees in theory and practice [M]. Washington D.C.: Aei Press, 2007: 69.

⑤ COOK C. Commitment decisions: the law and practice under article 9 [J]. World Competition, 2006 (29): 209-228.

⑥ 盖尔霍恩，科瓦契奇，卡尔金斯，等. 反垄断法与经济学 [M]. 任勇，邓志松，尹建平，译. 北京：法律出版社，2009: 87.

用水平，这是非常不幸的。此外，欧盟法在移植美国反托拉斯和解制度时，没有针对欧盟的具体情况进行调整，这引发了很多问题。例如，和解程序对当事人的吸引力不足，和解程序与欧盟竞争法的其他程序缺乏有效的配合，从而降低了反垄断法实施的透明度和法律确定性，并对欧盟成员国的反垄断制度以及跨大西洋的反垄断合作制度带来不利影响。①提出法经济学分析方法的波斯纳对和解制度进行了经济分析。他指出，执法双方能够在执法和解制度框架下达成一致，是因为无论对于任何一方而言，协议的达成都能够降低他们的成本。和解谈判是双边垄断的典型例证，每一方当事人的最低和解要约都取决于他对诉讼进程的预期。许多案件事实上是在审判的前夜达成和解的，因为随着信息披露、其他准备阶段和开庭的进展，经营者对于案件进入到法院审判后，其结果的判断也会越来越准确。②Wils指出，和解程序的使用有两个潜在收益：速度和低成本。只有当和解解决早期终止侵权行为的利益和所节省的程序成本总和超过侵权决定带来的收益时，才能代替侵权决定。在和解决定的执行上，虽然欧盟法规定委员会有三种可能的途径，但是他认为应赋予因未遵守和解决定而遭受损失的私人第三方执行和解决定的权利。③Ferro对欧盟委员会的和解决定是否可以由成员国竞争主管机关执行的两种截然不同的观点进行了剖析。他认为，肯定派和反对派的理由都不充分，唯一站得住脚的说法是，成员国竞争主管机关是否有权实施由委员会通过的和解决定仍然是不确定的。因此，强化成员国在这方面的立法协调是明智的。特别是欧盟委员会应澄清是否允许成员国竞争主管机关执行和解决定以及在何种情况下允许。④Pera和Carpalnano认为，和解决定不同于竞争主管机关能够采用的其他公共执行工具。实际上，和解决定的目的并不在于宣告反垄断违法行为的存在，而是直接消除来自市场的反竞争问题，并结束反垄断执法程序。⑤

---

① GEORGIEV G S. Contagious efficiency: the growing reliance on U. S.—style antitrust settlements in EU law [J]. Social Science Electronic Publishing, 2007, 35 (5): 102.

② 波斯纳. 法律的经济分析 [M]. 蒋兆康，译. 7版. 北京：法律出版社，2012: 76.

③ WILS W P J.Settlements of EU antitrust investigations: commitment decisions under article 9 of Regulation No.1/2003 [J]. World Competition, 2006, 29 (5): 188.

④ FERRO M S. Committing to commitment decisions: unanswered questions on article 9 decisions [J]. European Competition Law Review, 2005, 26 (8): 205.

⑤ PERA A, CARPAGNANO M. The law and practice of commitment decisions: a comparative analysis [J]. Law Review, 2008, 29 (12): 669.

Anderson的研究主要集中在美国反托拉斯执法和解程序中司法审查的作用和标准。他认为，尽管1974年美国《反托拉斯程序与处罚法》规定了法院在司法审查中应遵循“公共利益”标准，但在实践中，法院仍然充当“橡皮图章”的角色，很少或几乎不对和解决定进行实质审查，从而促进和解成为一种有效的反托拉斯法实施机制。[①]Flynn和Bush通过研究美国微软反托拉斯案后发现，微软案创造了两个新的反托拉斯“谬论”，削弱了和解程序中司法审查的独立性，取消了法院在损害救济中的权力，可能会引发宪法和程序上的严重问题。然而，实际上国会希望法院在对和解协议进行司法审查时保持中立性。[②]Savin探讨了司法审查降低和解作为反托拉斯执法工具有效性的观点，并得出了关键性的司法审查并不会降低执法和解程序的有效性的结论。[③]

Konczal进行了关于和解决定修改问题的研究，他认为，在存在合理和正当理由的情况下，应允许执法双方变更、撤回或撤销之前达成的和解协议。对于涉嫌垄断的经营者来说，请求变更的正当理由主要是市场环境的变化、产业竞争的激烈化、技术革新和产业调整等客观环境变化，这些变化使得原有的和解决定规定变得繁重、困难或反竞争。而反垄断执法机关寻求变更的原因则主要是和解决定不再服务于反垄断法或和解程序的目的。虽然联邦法院在判例中发展了相互认可的标准，如斯威夫特标准、联合鞋业标准、公共利益标准和鲁福标准，但应朝着比鲁福案更为严格的和解决定修改标准迈进。也就是说，只有在变化属于不可预见且重大的情况下，才能修改和解决定的内容。[④]Jennings认为，美国与欧盟在过去十年在微软反垄断案上花费了大量时间和资源，但结局却大相径庭，[⑤]这主要是因为美国和欧盟反垄断政策的侧重点不同，

---

① ANDERSON L C.Mocking the public interest: congress restores meaningful judicial review of government antitrust consent decrees [J]. Vermont Law Review, 2007, 19 (6): 45.

② BUSH D, FLYNN J J.The misuse and abuse of the Tunney Act in the Microsoft cases: the adverse consequences of the Microsoft fallacies [J]. Loyola University Chicago Law Journal, 2003, 4 (34): 749-814.

③ SAVIN J R.Tunney Act '96: two decades of judicial disapplication [J]. Emory Law Journal, 1997, 12 (7): 176.

④ KONCZAL D S. Ruling rufo: ramification of a lenient standard for modifying antitrust consent decrees and an alternative [J]. Geroge Washington Law Reviews, 1996, 11 (4): 175.

⑤ 1998年至今，欧盟针对微软公司展开的反垄断调查案实际上包括两个案例：多媒体播放器案和浏览器案。

各种不同的政治考虑以及监管者所面临的问题也不同。①

综上所述，反垄断执法和解制度在国外得到了理论界和实务界的广泛关注，主要集中在执法和解的定义及其性质、优势与缺陷，以及实践中可能引发的问题、和解程序中司法审查的作用和审查标准，以及和解决定内容的修改和执行等方面。然而，反垄断执法和解中最为核心的和解契约、和解制度的基本理论范畴、和解程序的主要制度构成等问题还未得到充分探讨。关于国外的研究文献类型，大部分是研究论文，而只有Epstein于2007年出版的专著《反托拉斯同意判决理论与实践：为何少即是多》探讨了该主题。然而，研究论文由于篇幅限制，通常只能针对某个问题进行孤立研究，缺乏足够的支持性分析和系统性研究。此外，西方法学研究的习惯和传统，使国外反垄断执法和解制度的研究以案例研究为主，尽管案例研究将理论和实践相结合，但相对而言，理论研究不够深入、缺乏系统性。以Epstein的著作为例，其中有三章的内容是案例研究，只有第一章对和解的优劣、救济措施、反垄断法的实施等三个理论问题进行了分析。此外，该著作是在微软公司的资金资助下完成的，作者的立场是否中立，以及该著作的研究结论是否受此影响，尚不清楚。尽管如此，国外的反垄断执法和解制度研究发现了该制度在设计和运行过程中存在的一些问题，并提出了许多可行的建议，为完善该制度提供了宝贵的经验借鉴。这些研究成果对本书的研究提供了理论指引，也为我国反垄断执法和解制度的完善提供了宝贵的经验参考。

2.2 国内研究综述

我国在反垄断执法和解制度方面的研究起步相对较晚，专门的研究成果大约有80篇。在2023年4月，笔者在“中国知识资源总库”中进行检索，以“反垄断执法和解”为篇名检索项，得到113篇结果；以“反垄断和解”为篇名检索项，得到374篇结果；以“经营者承诺”为

① JENNINGS J P.Comparing the US and EU Microsoft antitrust prosecutions：how level is the playing field?［J］. Erasmus Law & Economics Review，2006，12（1）：39.

篇名检索项和关键词检索项，各得到185篇结果。其中，除了郑鹏程、王先林[①]的论文发表于《反垄断法》出台之前外，其余研究成果都是在《反垄断法》出台之后陆续出现的。除了论文之外，王晓晔[②]、史际春[③]、时建中[④]等人编写的有关反垄断法法条的学理解释中，对反垄断执法和解制度进行了较为简短的解释性说明。据笔者所掌握的资料，第一篇研究反垄断执法和解制度的论文是郑鹏程的《论现代反垄断法实施中的协商和解趋势——兼论行政垄断的规制方式》。他认为，美国、日本、欧盟的反垄断执法机关倾向于以协商和解方式解决竞争纠纷，主要原因有两个：一是反垄断法本身的缺陷和使用上的技术困难，二是经济全球化的影响。采用协商和解方式规制行政垄断，既符合现代反垄断执法的协商和解趋势，又与本土的法律文化相协调。[⑤]

第一，反垄断执法和解制度的目的和价值可以从多个角度考虑。据娄丙录指出，这一制度能够节约执法成本，提高执法效率，减少司法资源的浪费，有利于构建和谐的反垄断执法环境。[⑥]此外，根据王超、张瑞萍的观点，反垄断执法和解制度的功能包括法律功能、经济功能和社会功能。法律功能指当事人能够发挥主观能动性，实现实质的法律正义，以灵活快速的方式处理案件、解决争议。经济功能则涵盖了效率、诉讼成本、机会成本和社会成本的节约。而社会功能则体现为维护和谐的社会环境、提高消费者福利和维护社会信用。[⑦]此外，叶君指出，反垄断执法和解制度的根本目标是在提高执法效率和降低执法成本的前提下，尊重涉嫌垄断经营者的自由意志，进而保护其合法权益。这符合现代法律发展的规律以及公家公权运作学说的精神。然而，需要注意的是，反垄断执法和解制度也存在着社会公共利益、相对人权利和第三人利益的保护问题。因此，规范反垄断执法和解制度应该从适用范围限

---

① 王先林. 论反垄断法中的控制企业结合制度——兼析《中华人民共和国反垄断法（修改稿）》的相关规定 [J]. 法商研究，2006（1）：17-23.

② 王晓晔. 王晓晔论反垄断法 [M]. 北京：社会科学文献出版社，2010：145.

③ 史际春. 反垄断法理解与适用 [M]. 北京：中国法制出版社，2007：97.

④ 时建中. 反垄断法：法典释评与学理探源 [M]. 北京：中国人民大学出版社，2008：58.

⑤ 郑鹏程. 论现代反垄断法实施中的协商和解趋势——兼论行政垄断的规制方式 [J]. 法学家，2004，1（4）：92-97.

⑥ 娄丙录. 反垄断法宽恕制度的理论基础与实效保障 [J]. 西北政法大学学报，2010（5）：84-92.

⑦ 王超，张瑞萍. 反垄断和解的运用与功能评析 [J]. 北京交通大学学报（社会科学版），2009，8（1）：100-103.

制、和解说明、公众评论、相对人权利保障和第三人权利救济机制等多个方面入手。[①]

第二，从和解制度的法律属性角度分析。焦海涛从博弈论的视角指出，事前进行可信的承诺是和解制度有效运作的前提条件。然而，由于主体能力差异、信息不对称以及相关主体的自利追求等因素，执行过程中存在动态不一致的问题，同时也存在道德风险、双重标准和执法者身份定位混乱等和解悖论。因此，反垄断执法和解的重点在于实现各方的利益均衡。[②]刘桂清认为，反垄断执法机构与相对方达成的和解协议应符合“有关事实状况或法律观点不确定状态且难以查明”的基本前提，同时和解必须有利于公共利益。和解协议的监管是执法和解的关键，建立公告制度、社会公众表达意见的制度、听证制度等至关重要。[③]王先林等人认为，反垄断执法机构拥有是否接受和解协议的决定权，同时和解协议也不需要经过法院批准，以提高效率并确保反垄断执法机构的权威性。[④]黄勇等人分析了美国和欧盟反垄断执法和解制度的法律规定及其特点，并从实体内容、程序安排以及制衡机制三个方面对我国的经营者承诺制度进行了创新性研究。[⑤]

第三，从法经济学的角度进行分析。王超在其博士学位论文《反垄断和解制度的经济学研究》中，使用产权理论、制度变迁理论、机制设计理论、博弈论等经济学理论，对反垄断和解的功能、价值、原则、和解双方的博弈以及和解的监督等五个方面进行了研究，并得出五个基本结论。这些结论包括：①相对于一般的正式调查制度，执法和解制度在反垄断执法中更加高效；②和解制度的效率和公正原则可以分为实体效率、程序效率、实体公正和程序公正四个方面；③反垄断和解的制度设计应该采取折中的责任安排；④对和解协议履行后的监督应以成本-收益原则作为主要参考因素，以实现供需平衡；⑤为了进一步完善我国的执法和解制度，需要针对不同的垄断行为加以区

① 叶军．经营者集中反垄断审查之皇冠宝石规则研究［J］．中外法学，2016，28（4）：1057-1082.

② 焦海涛．反垄断法承诺制度适用的程序控制［J］．法学家，2013，1（1）：81-97.

③ 刘桂清．反垄断执法中的和解制度研究［J］．当代法学，2009，23（2）：23-29.

④ 王先林，何敏．反垄断案件调查中非正式的协商和解程序规则的初步设计［J］．工商行政管理，2006（11）：29-30.

⑤ 黄勇，赵栋．经营者承诺制度研究［J］．价格理论与实践，2012（2）：12-13.

分，例如一般市场经营者和行政垄断、管制行业企业以及具有公权力背景的企业等。[①]

第四，需要研究承诺制度的适用范围问题。焦海涛指出，在当前的经济形势下，反垄断执法和解制度在反垄断执法中具有独一无二的优势，但由于执法双方的道德风险和道德成本，制度的适用可能会导致公共利益和第三方利益上的额外损失，因此明确适用这种制度的情况十分关键。在《反垄断法承诺制度的适用范围研究》一文中，焦海涛通过分析案件类型和执法取证的难易情况，对于适用执法和解制度的案件类型做了一些排除说明。[②]此外，黄义发表的《对经营者承诺制度的理性审思与解释适用——基于反垄断执法实践的分析》[③]一文，以及黄勇、王炳等多位学者对和解制度的案件适用范围都有相对独特的见解。由此可见，我国经济法的独特性导致了我国反垄断法执法实践的特殊性。因此，在和解制度的研究中，学者普遍将适用范围的研究置于重要的位置。

① 王超．反垄断纠纷和解的经济学效率原则分析［C］．北京：第三届中国法学博士后论坛（2010）论文集，2010：381-389.

② 焦海涛．反垄断法承诺制度的适用范围研究［J］．法商研究，2013（2）：78-89.

③ 黄义．对经营者承诺制度的理性审思与解释适用——基于反垄断执法实践的分析［J］．价格理论与实践，2014（5）：29-31.

3 反垄断执法和解制度的内涵

3.1 和解制度解析

“和解”一词的基本含义可以从“和”与“解”独立进行解释。其中，“和”有平和、化解、协商等意义，而“解”则有谅解、交好、解决等意义。在法律上，和解是指诉讼当事人为了尽快处理和解决争端，在自愿的基础上，通过平等协商和妥协达成协议的过程。通常情况下，达成和解协议后，争讼双方则无须进一步进行起诉，而是撤回起诉或者法院无须发布裁判而终止诉讼。这样，双方的和解协议就变成了一个具有法律约束力的契约，一方面可以约束双方当事人，另一方面也可以限制当事人重复起诉以节约司法资源。此外，法院还可以将双方达成的和解协议内容写入判决中，使其成为生效判决的一部分，以约束当事人。和解的优势也显而易见：一方面它能够在短时间内高效地解决纠纷，符合中国人以和为贵的理念；另一方面，对于复杂案件而言，和解可以节约大量司法资源。因此，和解制度广泛应用于各种类型的案件中，从最早期的民事和解开始，逐渐扩大到刑事和解和行政和解。

3.1.1 民事和解制度

民事和解一词，并没有一个整体意义的概念。

根据法条考据，就实体法而言，《中华人民共和国民法总则》（以下简称《民法总则》）[①]共206条法条中并未提及“和解”一词。而就程序法而言，在《中华人民共和国民事诉讼法》全文中，“和解”共出现7次，涉及5个法条，分别为第50条、第53条、第54条、第59条和第230条。其中，第53、第54和第59条的表述基本类似，即当事人可以“自行和解”，诉讼代理人可以“进行和解”。从表述上来看，这里的和解是概括性的实体意义的和解，包含诉讼行为的全阶段，即诉前和诉中阶段，可称为诉讼和解。《最高人民法院关于适用〈中华人民共和国民事诉讼法〉若干问题的意见》（以下简称《民讼意见》）第191条进一步确认了当事人在二审中达成诉讼和解的权利，[②]人民法院可以根据和解协议制作调解书。虽然最高法院更偏向于使用调解息诉，但在学术界，对于诉讼和解的理解已有一定的共识，即同一诉讼系属中的当事人在裁判者主持下或自行以解决民事纠纷为目的，通过双方权利义务的让步，终止全部或部分民事诉讼的行为。[③]这里的和解不是庭外达成的协议，而是在特定的时间和空间范畴内解决纠纷，因此具有实体法和程序法上的双重意义。

相比之下，第230条中的和解一词专指执行和解，即诉后阶段的和解。2018年3月，最高人民法院颁布了《最高人民法院关于执行和解若干问题的规定》，对执行和解协议进行了定义，即当事人可以自愿协商达成和解协议，依法变更生效法律文书确定的权利义务主体、履行标的、期限、地点和方式等内容。[④]因此，和解在程序法中既有诉讼和解的概念，也有执行和解的特定含义。

---

① 2020年《中华人民共和国民法总则》改为《中华人民共和国民法典》。

② 《最高人民法院关于适用〈中华人民共和国民事诉讼法〉若干问题的意见》第191条：“当事人在二审中达成和解协议的，人民法院可以根据当事人的请求，对双方达成的和解协议进行审查并制作调解书送达当事人；因和解而申请撤诉，经审查符合撤诉条件的，人民法院应予准许。”

③ 陈荣宗. 民事诉讼法［M］. 台北：三民书局，1996：54.

④ 在执行中，双方当事人自行和解达成协议的，执行员应当将协议内容记入笔录，由双方当事人签名或者盖章。申请执行人因受欺诈、胁迫与被执行人达成和解协议，或者当事人不履行和解协议的，人民法院可以根据当事人的申请，恢复对原生效法律文书的执行。

从理论角度来看，对于执行和解，存在以下几种不同的观点。一种观点认为：“执行和解是指在执行过程中，双方当事人相互谅解并自愿作出让步，从而结束执行程序的一种活动。”还有学者认为：“执行程序中的和解，是指当事人经自主协商，就生效的法律文书确定的权利义务内容达成协议，以和解协议的履行替代原生效法律文书的执行。”[①]还有观点提出：“民事执行和解，是指在执行过程中，双方当事人通过自愿协商，就如何履行生效法律文书所确定的义务达成协议，经法律审查批准后，结束执行的行为。”[②]另有学者主张：“执行和解是指在民事执行程序中，执行当事人经自愿、平等协商，就权利人行使权利和义务人履行义务的主体、期限、方式、内容等达成协议，一致同意中止执行程序，当事人自觉履行协议后原执行程序即告终结的法律程序和法律制度。”

综合上述观点可以得出，民事执行和解的内涵应包括以下几点：第一，在主体上，当事人必须在自愿、协商的基础上达成和解。第二，在时间上，和解的达成发生在执行立案后且在执行终结前。第三，民事执行和解的客体是生效和解协议所确定的权利义务关系。第四，在内容上，和解协议需要经过法律确认或审查，以保证其合法性，并保护第三人的合法权益。第五，在法律效力方面，民事执行和解所达成的协议能够产生终止部分或全部民事执行程序的效力。

民事诉讼和解以及民事执行和解都是通过非强制性手段，在当事人意愿自主自治的基础上解决纠纷的方式。然而，它们之间存在以下几个区别：首先，在和解发生的阶段上，诉讼和解可以在民事审判过程中任何时候发生，从立案到判决作出之前都可以；而执行和解只能在判决生效后至执行终结前发生。其次，在权利的客体上，诉讼和解协议的客体是原被告争讼的权利义务关系；而执行和解的客体是法院作出的生效判决中所确定的权利义务关系。最后，在法律效力上，诉讼和解所达成的协议一旦经过法院确认，即产生生效判决的效力，当事人可以据此向法院申请强制执行；而执行和解协议虽然也可以经过法院确认和审查，但

① 江必新. 新民事诉讼法执行程序讲座［M］. 北京：北京大学出版社，2012：51.
② 李浩. 民事诉讼法学［M］. 北京：法律出版社，2016：535.

只会产生合同效力，不能直接申请强制执行。

3.1.2 刑事和解制度

在西方社会中，类似于我国的刑事和解的概念包括被害人与加害人对话（Victim Offender Dialogue）和刑事调解（Penal Mediation）。在欧美司法体系中，刑事和解主要发生在被害人与加害人之间。有学者认为，相较于“和解”（Reconciliation），使用“调解”（Mediation）更能准确体现其理论内涵。加害人与被害人调解在实践中更为恰当，其基本内涵是在司法人员和调解人员的参与下，通过被害人与加害人的协调来处理刑事纠纷。刑事和解的表现形式包括加害人与被害人调解（Offender-Victim Mediation）、被害人与加害人调解（Victim-Offender Mediation）、被害人与加害人和解（Victim-Offender Reconciliation）、家庭会议（Family Conference）、社区会议（Community Conference）以及审判圈（Sentencing Circle）和康复圈（Healing Circle）。在欧美各国，刑事和解制度通常在法官、检察官、侦查人员、社工、教会神职人员等主持的非诉讼程序中存在，未纳入正式的诉讼程序中。当前西方国家的刑事和解模式主要有司法模式（Justice Model）、替代模式（Alternative Model）、转出模式（Diversion Model）和社区调停模式（Community Model）四种。①司法模式通过增加加害人向被害人赔偿的方式来提高加害人的法律责任；替代模式通过与被害人协商达成和解，并改变加害者的处罚方式来解决纠纷；转出模式是指在刑事司法程序启动以后，程序终结以前，将案件交由专门的争端解决机关进行处理；②社区调停模式适用于5年以下有期徒刑的轻刑犯或未满18周岁以下的犯罪案件，在被逮捕前由专门的社会调解组织进行调解。随着我国刑事法律理论基础研究的不断深入，学者们对于刑事和解的概念逐步发展出独立的见解和思考。目前，有以下几种观点：

第一种观点强调刑事和解是一种纠纷解决机制。刑事和解制度旨在探索除刑罚制度之外的纠纷解决机制，部分缓解了刑法的强制性和工具

---

① 刘凌梅．西方国家刑事和解理论与实践介评［J］．现代法学，2001（1）：152-154．

② PARKINSON J. Restorative justice: deliberative democracy in action?［J］. Australian Journal of Political Science，2004，39（3）：505-518.

性，同时增强了刑法的诱导性，促进了共同规范的形成。通过利用公权力的契约化方式，刑事和解也增强了刑法的宽容性。①

第二种观点强调刑事和解是一种诉讼制度。在刑事诉讼过程中，被害人和加害人（即被告人或犯罪嫌疑人）通过认罪、赔偿、道歉等方式达成谅解后，国家专门机关不再追究加害人刑事责任或对其从轻处罚，这是一种案件处理方式。刑事和解实质上是被害人和加害人之间达成的一种协议和谅解，推动了国家机关不再追究刑事责任或从轻处罚的诉讼制度。②

第三种观点关注刑事和解的实体法价值。有人认为，刑事和解是指在犯罪行为发生后，司法机关通过职权作用，促进被害人与犯罪人面对面直接协商，以便双方沟通和交流，从而确定解决方案。其目的在于恢复犯罪人所破坏的社会关系，弥补被害人所受到的伤害，使犯罪人改过自新并重新融入社会。③

第四种观点注重刑事和解在诉讼程序法和实体法上的结合。有人认为，刑事和解是在查明犯罪事实的基础上，通过社会基层组织等社会力量的协作和利害关系人的参与，在侦查、起诉、审判和执行等环节，以恢复社会和谐和节省诉讼资源为原则进行的和解。在考虑个案情况的基础上，综合或单独运用刑法的非刑罚方法，尽可能地达成兼顾国家利益、社会公共利益、社区利益、被害人利益和被告人利益的处理方案。这有利于惩治和预防犯罪，恢复社会和谐关系。④

综合以上观点，可以发现，刑事和解具有以下特征：它是由加害人和被害人参与，一般在调解人主持下，以和解为目标进行的一种具有刑事法律效果的和解，最终会影响刑事处分。与其他领域的和解相比，刑事和解最重要的区别在于它不仅会影响加害人的刑事处罚结果，而且是对话驱动型的和解，重在通过对话和交流来实现和解目标。⑤在其他领域的调解中，重点是解决问题，很少强调对参与者精神康复的意义和对

---

① 周光权．论刑事和解制度的价值［J］．华东政法大学学报，2006（5）：138-142．
② 陈光中．刑事和解的理论基础与司法适用［J］．人民检察，2006（10）：5-7．
③ 刘守芬，李瑞生．刑事和解机制建构根据简论［J］．人民检察，2006（14）：6-9．
④ 谢鹏程．刑事和解的理念与程序设计［J］．人民检察，2006（14）：13-15．
⑤ UMBREIT M S. The handbook of victim offender mediation：an essential guide to practice and research［M］. San Francisco：Jossey-Baas，2001.

纠纷的讨论和对话。参与者总是围绕他们对矛盾纠纷的看法进行商谈，搞清责任的归属。而在刑事和解中，一般情况下，加害人的认罪是前提，有罪还是无罪不属于加害方和被害方讨论的内容。双方就赔偿的协议也不同于民事调解中的讨价还价。刑事和解更看重的是被害人的康复、加害人对责任的承担以及损害的恢复。在实现刑事和解的目标过程中，对过程的重视与否对其是否成功起到了十分重要的作用。

3.1.3 行政和解制度

在过去的研究中，对于行政和解的整体概念的研究比较少，通常是从不同的发生阶段，包括行政执法和解、行政复议和解和行政诉讼和解来进行定义。因此，对于行政和解的整体概念尚无成熟的定义。总体上，学者们提出了以下几种观点：第一种观点认为："行政和解是在行政复议或行政诉讼过程中，当事人双方自行或通过裁判机关的帮助，就诉讼标的的相互让步达成的协议，以终结行政行为。"[①]第二种观点则认为："行政和解指行政主体与相对人通过双方协商、相互让步，达成协议，以和解方式解决行政争议或预防其发生的活动。"[②]第三种观点则认为："行政和解是行政纠纷双方自愿协商，达成协议，解决纠纷的活动。"[③]

经过综述以上观点，可以看出行政和解的基本特征，即行政和解是发生在行政执法机关与行政相对人之间，建立在平等资源基础上，以高效解决行政纠纷为目标的一种合意协议。

行政和解可以分为三类。第一，根据和解程序发生的阶段不同，可以将行政和解分为行政复议和解、行政诉讼和解和行政执法和解。第二，根据和解是否具有行政权处分的效力，可以将行政和解分为正式和解和非正式和解。正式和解一般会由行政机关作出有法律效力的行政决定或者裁定，而非正式和解则一般不涉及行政权力的处分。第三，根据是否有独立第三方参加，行政和解可以分为自主和解和多方和解。自主

① 湛中乐．行政调解、和解制度研究：和谐化解法律争议［M］．北京：法律出版社，2009：67．

② 江凌，卢申伟．和谐语境下的权力运作——行政和解制度探析［J］．行政法学研究，2012（1）：44-50．

③ 谭炜杰．行政诉讼和解研究［D］．北京：中国政法大学，2011．

和解一般是发生在执法机关与行政相对人之间自行达成的和解，而多方和解往往是在独立的第三方机关主持下进行的和解。

本书研究的对象是反垄断法实施中的执法和解。从本质上看，执法和解属于广义的行政和解。其通过反垄断执法机构与垄断企业协商，确定垄断企业的法律地位，以减少垄断行为所带来的社会危害。达成的和解协议在法律属性上具有多种学理上的主流观点，如“公权力契约说”“一般契约说”“公私权混合契约说”“公法契约和诉讼（准诉讼）行为双重性质说”等。本书认为，从行政和解解决纠纷的功能上看，尽管其权利处理过程体现了私法自治的层面，但是其毕竟需要在公法框架下进行。因此，行政和解的自治性只是路径，而不是目标。其真正的目标在于通过纠纷解决机制以及对公权力的割让，实现社会利益和个人利益之间的平衡。因此，行政和解具有执法和解契约和纠纷解决双重属性。

经过以上分析可以看出，与其他领域的和解相比，反垄断法实施中的执法和解具有以下几个特点：第一，在时间上，民事和刑事执法和解都是在法院立案后进行的，而反垄断执法和解则是在执法机关没有正式立案的前提下启动的。第二，在法律确认和审查方面，民事和刑事执法和解都需要经过司法审查才能生效，而反垄断法实施中的执法和解则无须经过司法审查。第三，不同于民事和反垄断法实施中的执法和解以问题和矛盾作为驱动程序，刑事执法和解更注重对话驱动。第四，在执法和解前提方面，民事执法和解以解决矛盾为前提，不需要承认罪责，而刑事执法和解则以认罪为前提。

3.2 反垄断执法和解的含义

3.2.1 反垄断执法模式的分析

各国反垄断法不管如何组织其执法机关，也无论这个执法机关如何复杂，其执法模式都主要有两种。

1）司法模式

美国司法部是依据《谢尔曼法》对垄断行为提起反垄断民事诉讼的

典型代表。在执行反托拉斯法方面，美国联邦贸易委员会和司法部反托拉斯执法局是两个并行的联邦贸易行政机构，拥有广泛的调查权限和高度的行政权威。然而，在司法模式下，司法部和联邦贸易委员会并非案件的最终裁决者，他们作为公诉人向州法院或联邦法院提起反托拉斯民事诉讼或刑事诉讼，最终由法院依据相关法律作出裁决。美国采用司法模式执行反托拉斯法，源于美国的法律文化。一方面，美国是最早制定和实际实施反垄断法的国家之一，在立法过程中缺乏可以借鉴的外国经验。另一方面，美国的司法传统确立了法官可以有解释和创造法律的权力，并且具有较高的司法独立性。因此，立法机关有理由信任法官的经验和对法律的认知，并相信他们能作出相对公正的裁决。尽管司法部和联邦贸易委员会作为公诉人是案件的调查者，但其可以利用法律授予的权限在案件调查期间结束案件调查而不作出起诉。因此，美国的司法模式实际上是一种司法和行政的混合模式。类似的国家还有澳大利亚，其竞争和消费者委员会作为执法机关在澳大利亚不具有直接的惩罚权，主要工作是向法院提起诉讼，无法作出具有执行力的命令，只能寻求法院的强制执行。

2）行政模式

除了美国以外，世界上主要国家和地区的反垄断法大多采用行政模式进行执法。例如，《欧盟竞争法》、德国的《反对限制竞争法》、英国的《1998年竞争法》、日本的《禁止垄断法》、韩国的《规则垄断及公平交易法》等。这些国家和地区采用行政模式的原因在于，执法机关在反垄断案件中充当了公诉人和法官的双重角色。行政机关不仅有权调查案件，还有权审理案件并作出裁决，而且当被调查企业不执行其裁决时，行政机关有权对其进行行政制裁。

以《欧盟竞争法》为例，根据欧盟理事会《第17/1962号条例》，其反垄断执法机关不仅被赋予对案件进行调查、审理、裁决以及对违法者进行行政制裁的权力，还享有对企业垄断行为的豁免权。[①]根据欧盟理事会《第1/2003号条例》，反垄断执法机关不仅有权认定企业的违法

① 韩立余. 欧盟反托拉斯法的现代化［J］. 法学家，2004，1（5）：142-151.

行为，并且可以根据其违法行为发布禁止令和进行制裁，包括罚款或者日罚款（定期罚款）、要求违法企业履行配合义务，甚至可以对企业采取结构性措施，即拆散现存的大型企业。[①]典型的案例包括2004年的微软滥用市场支配地位案，欧盟委员会对微软处以4.97亿欧元的罚款，并且要求微软必须开放其编程资料。[②]2009年5月，欧盟委员会认定英特尔存在滥用市场支配地位的行为，对其处以10.6亿欧元的罚款。当然，反垄断执法机关在行政模式下执法仍然要受到法院的约束，包括执法程序的合法性和行政裁决的公正性等方面。但是相比于美国的司法模式，欧盟的司法审查模式的作用很有限：一方面，法院相比于反垄断执法机关在专业性上要弱很多，同时法院所掌握的案件信息也不会比行政机关更多；另一方面，司法审查的程序和时间要比行政调查要长和复杂得多。因此，很多当事企业往往选择更经济的方式，从其角度来看，高额罚款看起来比冗长的调查更划算。[③]有学者认为，欧盟更偏爱行政模式的原因是在欧盟政治经济一体化的进程中，行政力量的推动起着不可低估的作用。法律包括竞争法律的制定和执行也自然依赖于这些行政官员。同时，相比于司法审判，行政执法的灵活性更突出，在错综复杂的经济形势面前也显得更加游刃有余。[④]

就反垄断行政执法机构的设置而言，通常存在两种模式：一种是一元化，例如欧盟竞争委员会作为唯一的反垄断执法机构；另一种是多元模式，几个行政机构共享执法权，例如美国司法部和联邦贸易委员会。在2018年之前，我国采用类似欧盟的一元化模式，但同时也存在多元化的执法模式。商务部、国家工商行政管理总局和国家发改委三个部门共同执法，形成了“三足鼎立”的格局。然而，反垄断法并未明确规定执法权限。根据《反垄断法》第13条的规定，“国务院反垄断执法机构负责反垄断统一执法工作”。根据国务院的“三定方案”，[⑤]国家发改委

---

① 可以通过https：//europa. eu/european-union/index_en中的搜索功能查阅原文。
② 翟巍．微软欧盟反垄断案例浅析［J］．网络法律评论，2011（1）：26.
③ GAL M S. The ecology of antitrust：preconditions for competition law enforcement in developing countries ［J］. Social Science Electronic Publishing，2005，2（3）：25.
④ GERBER D J. Economics，law and institutions：the shaping of Chinese competition law ［J］. Social Science Electronic Publishing，2008，26（4）：477-481.
⑤ “三定”规定是中央机构编制委员会办公室为深化行政管理体制改革而对国务院所属各部门的主要职责、内设机构和人员编制等所作的一系列规定的简称。

负责与价格有关的垄断协议和滥用行为，国家工商行政管理总局负责其他不涉及价格的垄断协议和滥用行为（包括行政垄断），商务部负责经营者集中的审查。但是在2018年3月，根据中共中央印发的《深化党和国家机构改革方案》，组建了国家市场监督管理总局，将国家发改委的价格监督检查与反垄断执法职责、商务部的经营者集中反垄断执法以及国务院反垄断委员会办公室等职责整合到了国家市场监督管理总局。

3.2.2 反垄断执法和解的内涵

本书讨论的是反垄断法的一种协商性解决方式，它并非是强制性的。具体来说，反垄断行政执法机关在调查反垄断案件时，如果被调查主体自愿采取终止或改正垄断行为的行动，消除其影响或按照执法机关的要求采取特定行为（例如，承诺不再进行信息交换），执法机关认为该主体的承诺可以消除其垄断行为的不良影响，那么执法机关可以要求该被调查主体履行承诺。如果双方就此达成和解协议，就可以中止或终止调查程序。[①]

从历史沿革上来看，各国对于反垄断执法和解制度的称谓存在差异，但表述相似。欧盟将这一制度称为“承诺决定”（Commitment Decision），这一术语源于欧盟委员会于2002年12月颁布的《第1/2003号条例》。欧盟成员国普遍沿用此称谓。美国联邦贸易委员会使用“同意命令”（同意令）一词，而司法部则称之为“同意判决”（同意法令），在不同情况下，还可能被称为“反垄断判决”（反垄断法令）、“约定判决”（规定判决）、“和解协议”或“同意判决”等。日本公平交易委员会使用“同意审决”一词，而我国则使用经营者承诺制度等术语，这些都属于反垄断执法和解的范畴。

反垄断法的发展历史尚不足100年，各国在法律文化、制度和传统等方面存在差异，因此在适用上可能存在不同。但总的来看，反垄断执法和解制度应包含以下三层内涵。

---

① 根据《反垄断法》第65条的规定，“对反垄断执法机构依据本法第34条、第35条作出的决定不服的，可以先依法申请行政复议；对行政复议决定不服的，可以依法提起行政诉讼”，这就是说，司法机关在反垄断执法中的作用是司法审查，而司法机关并不是执法机关。

1）非强制性行政和解

反垄断法中的执法和解从本质上来看是一种非强制性的行政和解机制。这意味着，和解机制的适用前提是被调查主体主动向执法机关承诺采取行动，以期获得轻罚或更快地结束调查，或者最快地消除企业对社会的影响。当然，这种承诺是双向的，执法机关必须根据被调查主体实际执行承诺的情况来决定是否继续调查。

从合同的角度来看，反垄断执法和解更偏向于国家机关公权力的私权化。虽然这种和解也被称为协议，但主体的身份并非民法意义上的自由平等。美国法律中可能使用“agreement”或“decree”，而欧盟则偏向使用“decision”而非“contract”。这种区别源于执法和解的正式性质和行政决定的性质，相比于私人和解协议，执法和解更为正式，是一种行政决定。因此，一旦达成和解协议，其内容就需要向社会公开。此外，与私人诉讼中的和解协议不同，如果企业不履行执法和解协议的内容，执法机关就可以恢复调查并对其进行额外处罚，例如欧盟《第1/2003号条例》规定的周期性罚款（Periodic Penalty Payments），即对于经营者不履行协议的行为，从决定之日起，每天处以上一年度日营业额不超过5%的罚款，直至履行。①

2）以高效和低成本消除限制竞争行为

执法和解的目标是通过低成本、高效率的方式制止、消除和排除限制竞争行为。反垄断法的目标在学术界存在不同的看法。一元说认为其唯一价值目标是提高经济效率；二元说认为其目标是维护市场秩序和保护消费者福祉；而多元说则认为其目的是提高经济效率、维护市场秩序和保护消费者福祉。②我国《反垄断法》第1条规定：“为了预防和制止垄断行为，保护市场公平竞争，鼓励创新，提高经济运行效率，维护消费者利益和社会公共利益，促进社会主义市场经济健康发展，制定本法。”从该表述可以看出，我国反垄断法的立法目标是多元价值取向。而反垄断法实现其目标价值不仅仅需要在立法目标中体现，还需要在执

---

① ANDERSON L. Mocking the public interest: congress restores meaningful judicial review of government antitrust consent decrees [J]. Social Science Electronic Publishing, 2007 (31): 593-614.

② 王翀. 论反垄断法的价值目标冲突及协调 [J]. 政法论丛, 2015 (3): 138-144.

法目标中得到体现。执法形式上有公共执法和私人执法，其目标也不尽相同。公共执法是为了保护社会整体利益，对违法企业进行制裁，实现整体经济秩序稳定、市场健康发展，从而提高效率；而私人执法的目的更直接，是为了保护消费者福祉。反垄断法的执法和解作为公共执法的一种方式，其目标也是为了提高整体经济效率，但并不采用罚款的方式，而是通过和解协议的方式提高调查效率，加快结案速度，从而提高经济效率。这是因为在能够进入执法和解程序的案件中，无论是执法机关还是被调查企业，其对企业行为的定性已经“心知肚明”。但是，考虑到现代信息技术的快速发展，以及企业规模和案件复杂性的增加，如果一味地按照传统方式去寻求证据，可能会与最初的执法目标相违背。因此，执法和解的目标不是惩罚和威慑，而是通过低成本、高效率的方式消除限制竞争行为。

3）先行为定性较为模糊

当执法机关与被调查企业达成和解协议后，对于之前行为的定性通常是模糊的。此举之所以能够实现和解，重要原因之一在于执法机关已经掌握了初步证据表明被调查企业的行为可能存在排除或限制竞争行为，但即使有了初步证据也是困难重重。商业秘密的保护通常使得初步证据更多依赖于表面数据和行为的推理和判断，以及受害人的证言。想要进一步证明垄断行为，获取更有力的证据非常困难。因此，为了节约司法成本，执法机关往往会选择与被调查企业和解。但一旦和解协议达成，之前的行为就将“既往不咎”，这可能导致被害人在后期的私人诉讼中承担举证不力的后果，甚至可能进一步导致公共利益的重大损失。因此，与正式调查相比，反垄断法的执法和解一般只能作为补充手段。

3.3 反垄断执法和解制度与相关制度的概念比较

3.3.1 反垄断执法和解与反垄断法和解

本书所指的反垄断执法和解是指反垄断执法机构与被调查企业之间

达成的旨在消除垄断行为危害的和解协议程序，该协议是在反垄断法公共执法过程中达成的。具体而言，反垄断行政执法机关可以根据职权或者接到投诉或申请后，在反垄断调查期间至反垄断执法机关（或法院司法审查部门）作出终局裁决之前，与被调查企业寻求和解。需要明确的是，这里的执法范围仅限于公共执法，不包括反垄断法的私人执行（即私人诉讼）。而根据《反垄断法》第60条规定，“经营者实施垄断行为，给他人造成损失的，应承担民事责任”。因此，在私人诉讼中，经营者与受害者之间达成的和解可以被称为“反垄断和解”。例如，北京律师周泽诉中国移动通信集团北京有限公司及中国移动通信集团公司市场侵权案中，移动通信集团滥用市场支配地位在移动通信收费上对交易人实行差别待遇，最终在法院调解下达成了和解。这种和解实际上是在反垄断法的背景下进行的一种民事和解。

在反垄断法的执法概念方面，需要进行一些辨析。执法是指执行法律的活动，包括国家行政机关、司法机关及其公职人员按照法定程序执行法律的广义实施，以及国家行政机关和法律授权、委托的组织及其公职人员在行使行政管理权过程中，依照法定职权和程序贯彻实施法律的狭义实施。行政机关通常被称为执法机关，指的是狭义的执法。根据《反垄断法》第13条的规定，反垄断法的执法机关仅指国家行政机关，因为其是由国务院规定的机构。因此，本书所称的反垄断执法采用的是狭义的执法概念，其对象仅限于反垄断行政执法机关。在2018年3月之前，反垄断执法机关由商务部（反垄断局）、国家发改委（价格监督检查与反垄断局）以及国家工商行政管理总局（反垄断与反不正当竞争执法局）组成。但是，随着3月21日中央出台《深化党和国家机构改革方案》第34条，反垄断执法机关被整合到国家市场监督管理总局，作为国务院直属机构。因此，本书所指的反垄断执法仅指国家市场监督管理总局依照《反垄断法》第53条所启动的或者依申请启动的执法和解。

3.3.2 反垄断执法和解与卡特尔和解程序

卡特尔和解程序是根据欧盟委员会《第622/2008号条例》而设立的一种针对卡特尔案件的和解程序，特别针对核心卡特尔案件，是对

《第773/2004号条例》的修正。根据该规定，卡特尔参与者若承认其违法行为，并通过与执法当局合作自愿放弃一些程序性权利，则可获得10%的罚款减免。此举可有效减少诉讼成本，同时对于执法机关来说则意在增加威慑力，而超额的罚款最多也不会超过两倍。这一制度可以看作欧盟在宽恕制度之后提出的另一个有效打击卡特尔，特别是核心卡特尔的执法工具。在美国，自反垄断法实施之日起，大部分卡特尔案件都是通过辩诉交易来结案，特别是在1986年至2006年这20年期间，超过90%的卡特尔案件是由违法者自行承认其行为并与司法部反托拉斯司达成交易。[①]在2010年的DRAM案件中，该制度第一次被应用，涉案的所有卡特尔成员均获得了10%的罚款减免。而在磷酸盐饲料案（Animal Feed Phosphates Producers）中，出现了部分涉案企业同意和解，而另一部分企业不同意的混合态度，欧盟委员会也作出了两份决定。值得注意的是，参与和解程序的当事人也可能获得免于处罚的奖励。

相比执法和解程序，卡特尔和解在目标上与其一致，都是通过相对简单的方式来提高执法效率，从而消耗较小的诉讼成本和诉讼资源。然而，二者之间存在两个主要差异。其一，在适用范围上，执法和解程序一般适用于违法性质较轻的案件，但不限于卡特尔案件；而卡特尔和解则主要适用于卡特尔案件，特别是核心卡特尔案件。其二，在大多数国家中，和解程序不要求被调查企业承认自己的行为性质是违法的，只要能够最大限度地减少不正当竞争行为的负面影响即可；而卡特尔和解的前提是参与者必须承认参与了违法的卡特尔行为。

3.3.3 反垄断执法和解与宽恕制度

反垄断法中的宽恕制度，也称赦免制度或宽大政策，是指在执法机关调查协议垄断案件时，如果参与其中的经营者自愿向执法机关提供自己或其他参与垄断协议的经营者的情况，或主动提供证据并积极配合调查，执法机关就可以根据情况酌情减轻或免除对经营者的处罚。这项制度最初由美国司法部于1978年首次提出，随后欧盟、加拿大、日本等

① SCOTT D. Department of Jutice: hammond the U.S. model of negotiated plea agreements: a good deal with benefits for all［R/OL］.（2006-10-17）［2016-10-17］.https://appliedantitrust.com/03_criminal/doj_speeches/hammond_us_model10_17_2006.pdf.

国家和地区也相继建立了此制度。该制度的设计基于以下基础：卡特尔案件往往具有隐蔽性，成员可以秘密订立协议而不被第三方知道，调查难度大，危害也大。通过鼓励卡特尔成员提供情报的宽恕制度，力求在调查中甚至在调查开始之前就结束调查，以降低调查成本。

相比于反垄断执法和解制度，宽恕制度有以下几个不同点。首先，效力不同。执法和解制度规定一旦执法机关和被调查者达成协议，调查就会终止（或暂停），但在宽恕制度中，一旦卡特尔参与者主动向执法机关提供信息或证据，就有可能减轻或免除处罚，并且执法机关可以根据提供的信息或证据进一步展开调查或对其他参与者进行调查和处罚。其次，适用范围和条件不同。虽然各国的立法有所不同，但执法和解制度普遍适用于所有不正当竞争行为，而宽恕制度一般只适用于协议垄断。再次，开放程度不同。各国要求执法和解制度公开透明，因为和解协议可能涉及第三方利益和社会公共利益，一些国家甚至要求对和解协议进行司法审查以确保上述利益得到平衡。而在宽恕制度中，告密者往往需要受到保护。最后，行为性质的认定也不同。执法和解协议通常不会确认被调查企业的行为是否违法，而在宽恕制度中，告密者必须承认自己参与了违法行为，才能启动执法机关的下一步调查。虽然这两种制度的目标都是为了减少或消除不正当竞争行为对经济社会的影响，但宽恕制度更体现了辩诉交易的理念，而执法和解则更突出了契约的特点。

4　反垄断执法和解制度的理论基础和价值分析

4.1　反垄断执法和解制度的法律性质

4.1.1　执法和解契约化救济式执法

反垄断执法和解是指反垄断执法机构与被调查企业之间的一种处置方式，其不同于民事和解、刑事和解和行政和解。在这种和解中，受害者不能主动启动和解程序，也无权接受或拒绝和解协议。尽管在司法模式的国家中，法院对和解协议的审查结果对协议效力具有重要作用，但法院并不能取代执法机构的执法权力。反垄断执法和解的启动、协商和和解内容完全基于反垄断执法机构和被调查企业的自主意愿，其是一种契约化的表现形式。契约的内容涉及反垄断执法机构代表社会公共利益所承担的义务和国家授予的权力，以及被调查企业自身的权利和义务。尽管反垄断执法机构和被调查企业在反垄断执法过程中的关系是隶属型法律关系，但这并不妨碍双方在和解协议的框架下自主协商，平衡多方利益，逐渐转变为以自主意愿为主的执法方式。反垄断案件具有特殊性，公权力机关和被调查企业之间存在信息不对称的情况，而现代经济社会的专业化分工也使反垄断执法机构难以深入了解案件，即使可以，也需要耗费大量的诉讼资源。对于被调查企业而言，诉讼成本高昂，最终可能仍会被认定为具有垄断行为。因此，反垄断执法和解制度可以通过在框架下让渡部分公权力，以契约化的方式避免上述损失的发生。这种执法和解契约化的方式符合社会发展趋势，在经济上也是合理的。

从法律的运行方式来看，反垄断执法和解是典型的救济式执法方式。执法者与被执法者之间的关系决定了执法的运行方式，主要有抗辩式和救济式两种。抗辩式的执法方式通常采用惩戒和诉讼两种形式。惩戒通常包括禁止令、人身罚和财产罚，要求被惩戒一方必须无条件地遵守。诉讼程序通常确定另一方的责任并承担不利后果，责任的划分往往是清晰的，一方胜诉，而另一方败诉。因此，无论是执法者还是被调查企业都可能获利。

从反垄断执法整体来看，应根据不同的案件类型选择不同的执法方式。对于调查内容比较清晰、证据比较充分、专业化程度不高的案件来说，抗辩式执法方式通常效果较好，因为其消耗的诉讼资源较少。但是，对于新的执法领域，例如互联网大数据领域，由于其专业化分工较高，证据调取难度非常大，所以即使消耗大量的诉讼资源也很难取得良好的社会效益，此时救济式的执法方式往往更加合适。因此，选择合适的执法方式对于反垄断执法的社会效果非常重要。

就执法方式的启动而言，救济式的执法方式更加灵活。不仅执法机关可以启动，被调查主体也可以启动。此外，被调查企业还可以拒绝执法机关提出的要约，不必依赖执法机关的命令。在和解框架内，双方可以就权利和权力的让渡进行充分协商。

4.1.2 非正式的强制性执法程序

从反垄断法在世界各国的实践来看，非正式的执法程序在反垄断法的执法和解中是有一定合理性的。以美国的反垄断法为例，同意判决作为一种执法和解程序，自1906年第一个和解案件开始到1974年特尼法案出台近70年间一直未被正式法律化。即使在特尼法案实施后，法院对同意判决的审查仅限于其合法性，只是在程序上确保法院在审查同意判决时具有独立性。例如，在审查“公共利益”标准（the “Reaches of the Public Interest” Standard of Review）时，哥伦比亚特区巡回法院于1992年并未采用特尼法案中确立的标准，而是采用了和解决定“模拟司法权”审查标准（the “Mockery of Judicial Power” Standard of Review），认为法院一般不能干预行政执法机关行使行政权力，除非行政机关在执法中模拟司法权力，因此法院对于同意判决不能过多干预，其角色仅仅是盖章。①因此，美国国会于2004年修订完善法律，赋予法院在同意判决中的考量义务和法定义务，并增加了法院对同意判决是否符合公共利益方面的强制性义务。②对于同意命令，美国国会始终没有将其正式列入立法体系，仍作为联邦贸易委员会自身工作规则的一部分存在。从20世纪20年代的约定（Stipulation）到20世纪60年代的同意命令规则，其一直未成为一项正式的执法程序。在欧盟法中，和解方式处理反垄断案件最初并没有固定下来，学界更愿意称之为“非正式和解”。直到2002年的《第1/2003号条例》中，委员会接受经营者承诺所作出的决定被视为委员会的正式决定，称之为“和解决定”（Settlement Decision）。但这里所谓的“正式”其实只是相对于过去的“非正式”而言。

正式程序与非正式程序是学理上的一种区分，通常基于是否在法律层面上得到确认和体现的标准。然而，仅以此标准将反垄断执法和解程序视为正式程序可能不够准确。首先，提出正式程序的目的是将反垄断法中的正式调查制度与一般和解制度区分开来，因此称其为非正式制度是合理的。其次，虽然和解制度可以节省大量诉讼资源和成本，但它并不是主流执法方式，通常只有在正式调查无法进一步展开的情况下才会考虑。因此，也应该将其视为一种非正式程序。此外，尽管执法和解的

---

① ANDERSON L C. Mocking the public interest: congress restores meaningful judicial review of government antitrust consent decrees [J]. Social Science Electronic Publishing, 2007 (31): 593-614.

② ANDERSON L C.United States v.Microsoft, antitrust consent decrees, and the need for a proper scope of judicial review [J]. Antitrust Law Journal, 1996, 65 (1): 1-40.

程序启动具有法定性，但在调查过程中，执法机关的调查程序相对而言没有一般正式程序那么严格，公权力施加得也相对柔和。在整个调查过程中，双方可以充分协商，甚至在拒绝接受和解协议时也不需要提供正式的理由。[①]最后，在调查结果上，执法机关不会采取较为严厉的措施，承担责任的方式也比较柔和。基本上不会对被调查主体的违法行为作出认定，也不会增加处罚。因此，反垄断执法和解程序应视为一种非正式的调查程序。

就强制性而言，反垄断执法可以被视为广义行政执法，而行政法概念中包含强制性行政行为和非强制性行政行为。以往的看法认为，行政权力赋予了行政执法机关单方面决定实施行为的权力，只要在法律授权范围内，不需要征得行政相对人的同意，就可以自主行使其权力。这种单方意志性在执法中表现为行政机关作出的执法决定的强制性，这两种属性是相互支撑的。[②]

非强制性行政行为是指“通常不带命令性或强制性”的行政行为。例如，行政主体不能强迫行政相对方与其订立行政合同，或接受行政指导奖励，或服从行政调解，而只能采取说服、协商、诱导、劝诫等方法，谋求并取得行政相对方的同意乃至响应，从而达到一定的行政目的。[③]行政和解行为是否属于非强制性行政行为，则不能一概而论。在和解程序的启动阶段，行政机关可以自行启动，而被调查企业可以拒绝接受；反之，被调查企业也可以主动寻求执法机关的和解。然而，一旦程序启动，当双方在权利义务关系上达成和解协议时，此和解协议具备强制性，任何一方不得违背，违反和解协议将会承担行政责任，比如罚款等。因此，可以认为，反垄断执法和解程序是具有强制性的非正式程序。

① WILS W P J. The use of settlements in public antitrust enforcement: objectives and principles [J]. Social Science Electronic Publishing, 2008, 31 (3): 335-352.

② 马生安. 行政行为研究——宪政下的行政行为基本理论 [M]. 济南：山东人民出版社，2008.

③ 崔卓兰. 试论非强制行政行为 [J]. 吉林大学社会科学学报，1998 (5): 29-33.

4.2 反垄断执法和解制度的理论基础

4.2.1 公法私益化理论

从社会学的发展角度来看，公与私的概念最早是在公有制出现时，即在最早的宗族或氏族社会中出现的。事实上，这一概念的出现甚至早于早期国家的形成。[①]随着国家和法律的出现，公权和私权的边界才开始引起争议。[②]然而，从人类社会的建立过程来看，私人聚集才可能产生公共性，这是人类物种的属性决定的。公共物品和私人财产的出现承载了公共权利和私人权利，而公共权利则主要体现在公法中。公法中的“公”是指公益，既是国家政府的利益，又是社会公共利益。它同时体现了公平、公正和公开的意义。

1）中国古代公贵私贱的理念

古代文献由于代表阶级利益，往往极力褒奖公，而贬低私，这是出于阶级属性而言的。古代中国对于私的批判往往体现了对私法性质的判定。孟子视私为不孝，认为“好财货，私妻子，不顾父母之养，三不孝也”，而随着中央集权的封建王朝的不断发展，公私对立的观点也更为集中化，尤其体现在公贵私贱层面，认为二者是截然对立的。我国有学者将其概括为如下几点：第一，公是一般而私为特殊；第二，公与私是判别君子与小人的标准；第三，公被视为仁，而私则为不仁；第四，公被视为天理而私被视为人欲。[③]

2）西方文化中的公私二元对立

公法和私法划分的理论起源可以追溯到古罗马。在古罗马社会的社会生活中，公法和私法可以看作是两条平行线，每条线都有自己的轨迹。正如西方法律格言所说，“公法不能通过私人协议来改变”，“私人

---

① 人类学上把具有较为完整的国家结构和形态之前的人类政治组织状态称为早期国家。早期国家发端于氏族或氏族联盟的瓦解。城市的建立、青铜器的产生、大型宗教祭祀场所的设置、文字的出现等，是早期国家产生的标志。

② 《说文解字》解释说：“私也，从禾，厶声。”《韩非子·五蠹》论述：“古者苍颉之作书也，自环者谓之私，背私谓之公。公私之相背也，乃苍颉固以知之矣。”

③ 胡发贵. 儒家文化与爱国传统［M］. 上海：上海社会科学院出版社，1998.

协议不能改变公法"。[①]这意味着在罗马社会的早期阶段，已经形成了保护国家权力运作的公有领域分类以及家庭和个人生活的私有领域。这两项原则是一体的，并行不悖，没有冲突。

与大多数古代国家最早发展以惩治犯罪为核心内容的刑法或提倡公法诋毁私法的思想相比，古罗马私法和公法的发展呈现出不平衡，但这种不平衡表现为更加强调私法的发展。一方面，这与统治阶级的强调有关，因为古罗马的民族主义和帝国主义思想一直阻碍着公法的发展。公法是统治阶级的工具，政治权力的变化也可能使公法研究具有内在的危险性。另一方面，法律学者，特别是古罗马法律学者，在促进私法发展方面发挥了重要作用。乌尔皮安（Ulpian）是第一位提出古罗马公法和私法划分的学者。他认为："公法涉及罗马帝国的规定，而私法涉及与个人利益有关的规定。"[②]公法和私法理论的后续发展导致了一种独特的分类理论：所有与个人利益有关的法律都被视为私法。这种分类包括刑法中的私犯罪和诉讼法中的自诉，从而使内容丰富的私法体系成为可预见的发展。[③]

经过日耳曼人的入侵后，古罗马帝国逐渐衰落，西欧进入了封建领主时代。在这一时期，公法与私法在法律实践中的划分已经失去了实际意义。哈贝马斯指出："从社会学角度看，公共领域作为应该和私人领域相分离的特殊领域，在中世纪封建社会中几乎不存在。"然而，从学理分类的角度看，公、私法的划分依然存在。例如，注释法学派的阿库修斯（Accursius）、布尔加鲁斯（Bulgarus）和普拉森第努斯（Placentinus）等法学家都继续研究公、私法的理论分类。

近代以来，随着资本主义的发展和资产阶级革命的胜利，私法领域不仅在市场经济的推动下得以发展和成熟，同时也积累了丰富的理论基础。更为重要的是，作为新兴统治阶级的资产阶级通过立法手段，尤其是在公共领域，以防止封建势力的复辟，这使得公法的崛起成为必然趋

---

① 彭梵得 P. 罗马法教科书［M］. 黄风，译. 2017ed. 北京：中国政法大学出版社，2018.

② 彭梵得 P. 罗马法教科书［M］. 黄风，译. 2017ed. 北京：中国政法大学出版社，2005.

③ 叶秋华，洪荞. 论公法与私法划分理论的历史发展［J］. 辽宁大学学报（哲学社会科学版），2008，36（1）：141-146.

势。同时，宪政思想的深入人心和资产阶级民主制度的发展，也进一步促进了公共领域的立法和公法的发展。

3）社会公共利益的出现

自从自由资本主义进入垄断资本主义以来，传统的个人和国家二元标准开始因垄断行为的出现而变化。垄断行为侵害的法益很难直接归结为个人利益或国家利益，因此社会公共利益的概念开始出现。这种利益划分标准的改变挑战了传统公法、私法的划分标准，公法和私法之间也出现了不断的融合。一方面，基于对公共利益的保护，公权力开始干预私权行使，尤其是在财产所有权领域。另一方面，由于环境、交通、人口等方面的压力，国家限制了财产所有权的行使，例如在房屋建造、相邻关系保护、环境保护等方面。在私权的购买中，各国的《消费者权益保护法》使得消费不再是一个私权行为，而具有国家的监管和私人购买的双重属性。经济法是这种变化的典型代表。随着经济的迅速发展，传统国家的职权范围不断扩大，政府不得不采用私法手段对社会生活进行干预，如国有企业的经营、特殊行业的管控、政府购买、行政契约等模式。国家还可以运用私法中公权力行使的方式，如各领域的司法和解，通过与行为人达成契约，以平等协商的方式提高社会管理的效率并降低成本。

4.2.2 成本-收益分析理论

成本-收益分析理论是一种经济学分析方法，通过对比项目运营中的全部成本和收益，对项目价值进行评估。将该理论应用于政府公共事务运营和管理的决策中，可以在较低的投资成本下追求更大的收益。这种方法通常用于政府公共事业项目中与社会学效益相关的量化分析。

19世纪初，法国经济学家朱乐斯·帕帕特在其著作中首次提出了“成本-收益”的概念，当时被称为“社会改良”。1940年，美国经济学家尼古拉斯·卡尔德和约翰·希克斯重新梳理和界定之前的理论研究，提出了“成本-收益”的原型理论基础，即卡尔德-希克斯准则。同时期，政府也开始逐渐将该理论应用于公共事业管理中，最典型的例子是1939年美国田纳西州特里克大坝预算法案以及该州政府在其洪水管控法案中采用该理论。在随后的70年里，随着政府公共事务支出的不断增加，公众开始越来越关注政府成本支出与收益之间的联系，注重项目的经济效率和社会价值回报。因此，该理论迅速被世界各国采纳和吸收。

成本-收益经济分析的前提是资源稀缺性，如果资源取之不尽用之不竭，则这种分析方法没有意义。反垄断执法的成本-收益经济分析建立在执法程序是一种稀缺资源的前提下，因此如何有效地选择和优化配置执法程序是实现更大效能的关键。行政执法本身也是一种资源，通过执法机关的权力、法律程序、信息、资源和被调查者权利和义务的安排，当事人可以获得实际收益。法律规则创造不同行为的隐含成本。[①]通过合理的执法和解程序安排，可以实现司法资源、社会资源和当事人利益的最佳平衡。因此，在执法和解程序中，当事人选择和解程序不仅要考虑比较优势，还要考虑成本和收益的比较结果。

对于反垄断执法机关而言，通过和解的方式进行执法相比传统的正式调查具有明显的时间成本和收益差异。首先，从时间成本上考虑，由于垄断行为本身具有私密性，所以调查取证成本非常高。与此相比，采用和解方式不需要证明其违法性，并且在任何阶段均可以与经营者协商和解，因此更受欢迎。在发达国家的反垄断案件中，从起诉到判决一般需要至少3年时间，并且经常超过5年[②]，甚至可能耗时数十年。而在微软和解案中，仅用了15个月；欧盟的和解效率更高，仅用了70天左右。在我国2008—2015年的101件反垄断调查案件中，只有9件在6个月内结案，有40件的调查期限在6个月到1年之间，29件在12至18个月之间，23件超过18个月。其中申请终止调查的案件占23.8%，终止调查率为29.2%。[③]而这7个案件中，根据当事人申请中止调查后，经过被调查企业的承诺，最终均终止调查，其中北京盛开体育发展有限公司垄断案从2014年6月3日立案，到2015年1月12日结案，历时约6个

① 考特 R D，尤伦 T S. 法和经济学 [M]. 施少华，姜建强，等译. 上海：上海财经大学出版社，2002.

② GOYDER D G. The antitrust laws of the United States of America [M]. Cambridge: Cambridge University Press, 1980.

③ 林文. 中国反垄断行政执法报告（2008—2015）[M]. 北京：知识产权出版社，2016：106.

月。而时间最长的是中国电信股份有限公司宁夏分公司涉嫌垄断案和中国联合网络通信有限公司宁夏回族自治区分公司涉嫌垄断案，均从2015年5月14日立案，到2016年12月9日结案，历时约19个月。当然这种和解效率的低下与我国和解制度起步时间较晚有很大的关系。但是不可否认的是，从时间成本上看，和解方式相比其他正式调查具有很大优势。其次，从反垄断执法和解的角度来看，其主要执法收益是制止和消除不正当竞争行为所带来的不利影响。当然，在实现这一主要收益的同时，传统的正式调查也可以获得其他收益，如没收非法所得、公开谴责、罚款等。但是，获得这些额外收益需要消耗大量人力、物力和财力，并且这些收益本身对执法机关工作人员来说缺乏实质性吸引力。因此，反垄断执法机关往往基于消除垄断的目的，对符合法定条件的案件采用和解形式来结案。这种做法的好处是可以提供“更有创造性和有效率的补救措施”。①

从被调查企业的角度来看，接受执法机关提出的和解建议或主动向执法机关申请和解，可能带来两个方面的好处。首先，这可以有效降低或避免行政裁决作为不利证据的成本消耗。根据克莱顿法第5（a）条的规定，美国或代表美国提起的民事或刑事诉讼中，被告违反反托拉斯法的最终判决或禁令会成为其他个人对该被告提起的基于该法律的诉讼的初步证据，对此双方不得反悔。因此，反垄断执法调查中的决定可能为后续的私人执行提供重要的初步证据，而这些证据很少有反驳的余地。这可能导致更多的连环诉讼，特别是对于经营者的不正当竞争行为的受害者来说，这种情况更为明显，可能会引发集体诉讼。②这将增加应诉的成本，增加被调查企业的程序成本，并极大地增加诉讼活动的不确定性。其次，从经营成本的角度来看，一旦被执法机关列入正式调查，经营者除了要支付高额的律师费之外，其经营活动也会受到严重影响。如果最终被认定为违法行为，则除了承担罚款、没收非法所得、停止侵害行为等处罚之外，还可能导致企业之间的违约行为。如果其行为

① COOK C. Commitment decisions: the law and practice under Article 9 [J]. World Competition, 2006 (29): 209-228.

② 波斯纳R A. 反托拉斯法 [M]. 孙秋宁，译. 2版. 北京：中国政法大学出版社，2003：329.

最终被认定为不违法，那么对于上市公司、高科技企业来说，这种负面新闻对公司股价、投资者预期、行业声望等的影响都是无法估量的。相比之下，选择执法和解程序，如果执法机关认为被调查企业的合作态度较好，那么在其公告中往往会将这种情况发布出来。例如，在宁夏市场监督管理局官网公布的关于《中国电信股份有限公司宁夏分公司滥用市场优势地位垄断行为案件》的执法公示中，可以看到这样的表述："反垄断执法的目的是制止垄断，保护竞争，维护消费者合法权益。我局认为，在案件调查过程中，当事人积极配合调查，对强制搭售行为的危害性认识较为深刻，其提出并积极予以落实的整改措施能够消除和挽回其行为造成的影响，达到了反垄断执法的目标。"可见，这样的公示对于被调查企业社会声誉的不良影响要远远小于正式调查公告的影响。

综合来看，从"成本-收益"的角度出发，反垄断执法和解制度理论上能为被调查企业带来的收益远远高于执法机关的收益。因此，对于理性的执法机关工作人员和经营者而言，如何选择则需要考虑成本收益的平衡。但是，这种选择标准是动态和变化的，而非固定的。成本和收益会随着标的的不同而发生变化，标的越大，和解的成本就可能越高。此外，企业经营者和执法机关人员自身的风险偏好也会影响选择标准。从欧美近年来的和解案件来看，很多企业并不会一开始就选择和解程序，而是在正式调查的不断深入过程中，经营者和执法机关会不断计算成本收益比例，只有在双方都达到成本-收益最大临界点时，才可能启动该程序。

4.2.3 社会正义理论

程序和结果以及它们之间的关系是社会正义理论的重要组成因素。在社会正义理论中，通常会涉及程序正义和结果正义的讨论。英国政治哲学家戴维·米勒提出了程序、结果以及它们之间的关系，并分析了它们在社会正义理论中的作用。社会正义理论的目标是提供评价一个社会的主要制度和实践的标准，而不是直接规定资源的分配。程序指的是一个机构、一个人或一种制度向若干其他人分配利益（或负担）的规则和途径，重点强调人们通过这个过程获得各种利益的权利。结果指的是在任何时候，不同个体所享有的各种资源、商品、机会或权利的状况。米勒认为，如果一个社会只考虑结果，即只关注人们是否得到了他们所需的资源或权利，平等的权利就不再合适。但是，如果一个社会的正义只考虑程序，也是不合适的。程序和结果之间的辩证关系是，当分配不可分割的资源，没有特殊情况需要指定给某个人时，程序正义意味着结果正义，这是一种纯粹的程序正义。而当要分配的物品具有不可或缺、不具有争议、可分离和有限的性质时，结果正义即为程序正义。在决定选择何种程序时，必须考虑到程序和结果的相互关系。尽管程序正义是独立于结果正义的，但这并不意味着可以随意选择正义的程序。相反，需要找到最有可能导致正义结果的程序。在追求结果正义时，也不能忽视程序正义。选择程序时必须考虑结果正义，同时也不能违反程序正义。

反垄断执法和解制度的理论基础之一是程序正义和结果正义的辨析。作为一种制度，法律本身就体现了程序正义的纯粹性，这意味着程序正义与结果正义的紧密联系。然而，反垄断执法和解制度本身旨在追求结果正义，这展现了二者的辩证统一关系。在执法和解制度中，制度的启动是研究的重点之一。制度能否启动意味着是否突破了原有的正常程序，从正式调查转向具有非强制力的非正式调查。执法和解的本质在于以实现高效、低成本的限制竞争行为为目标，通过利用程序的突破来实现社会资源的最优化配置。这是程序正义与结果正义的辩证统一在社会正义理论中的体现。

具体来说，表现在以下几个方面：

第一，在社会分配领域中，程序正义和结果正义都存在明确的标准。程序正义的标准包括平等、公开、自愿等，而结果正义的标准包括理性的结果、生存权、资源最优化配置等。这表明，在资源分配方面，结果正义确实存在，并且有明确的客观标准。这也是反垄断法中执法和解制度建立的基础。

第二，对于社会化利益进行分配，必须遵循一种平等、公开的分配程序。越强调决策的民主性和过程的公正性，就越有可能达到合理、科学的分配结果。当人们强调通过程序正义来分配社会化利益时，已经按照正义结果的评判来塑造程序。在一个开放的社会中，突出程序的价值可以促进平等、富有建设性的对话，并通过该程序达到正义的分配结果。程序正义并不独立于结果正义，二者紧密相连。

第三，在经济社会发展中，需要用诸如和解制度这样的工具来调解市场活动所导致的弊病。绝对的程序正义市场体制只看重市场过程，忽略了资源分配中的低效率和高成本现象。这些问题若得不到有效解决，就会妨碍社会的和谐稳定。因此，注重结果正义的社会分配领域可以通过突破程序来弥补绝对的程序正义市场体制的缺陷。

第四，程序本身具有平等、准确、公开、尊严等性质，可以凌驾于结果之上。但这种独立不应过分放大。程序正义并不必然与结果正义相分离。当违背正义程序时，可能不仅违背程序正义本身，也可能同时违反结果正义。在实现程序正义的过程中，程序正义部分依赖于结果正义。

4.3 反垄断执法和解制度的价值分析

4.3.1 社会整体效率价值

作为法律研究的基本范围之一，法律价值一直是各种法律制度研究的基础。学者们普遍认为，法律应具备满足人的需要的价值，才能在人与法之间形成价值关系。[①]法律价值主要包括自由、正义、秩序、效益。漆多俊认为，经济法的法律价值在于维护社会总体效率、社会公平和基于此的社会秩序。[②]反垄断法作为经济宪法，也应具有上述基本价值。[③]竞争作为反垄断法的保护对象，是多种价值观的集中体现，应作为反垄断法特有的价值范围。[④]但随着芝加哥学派经济分析模式的确立及美国反托拉斯法实施产生的影响，法院越来越倾向于效率目标。

在21世纪的反垄断执法活动中，效率价值目标越来越受到重视，

---

① 张文显．法学基本范畴研究［M］．北京：中国政法大学出版社，1993.

② 漆多俊．市场、调节机制与法律的同步演变［M］．北京：中国方正出版社，1999：10.

③ 王先林．论反垄断法的基本价值［J］．安徽大学学报（哲学社会科学版），2002，26（6）：15-19.

④ 曹士兵．反垄断法研究［M］．北京：法律出版社，1996：24.

甚至被一些学者视为反垄断法的唯一价值目标。[①]王先林认为，反垄断法的基本价值通过保护竞争或维护竞争秩序来体现。不同国家、不同时期实现的具体目标不完全相同，但总体上都要体现公平和效率的要求，其中包含自由、平等、秩序等价值。

反垄断执法和解制度本身更体现了效率价值，因为其设计初衷是以较小的司法成本提高反垄断法执法效率。反垄断执法和解的效率价值包括反垄断法实施效率和社会整体经济运行效率。效率价值应包括低成本、有效性和合法性等属性。[②]

执法和解制度在以下几点上体现了效率价值：

第一，市场干预和政府干预两种机制的有效结合。传统理论认为，市场负责经济效率，政府负责市场运行中的公平正义。但如果公平正义不基于市场经济效率，那么这样的公平正义不是市场想要的。和解制度在正式调查中引入了合同机制，在正式中加入非正式，使双方优势和劣势互补。

第二，成本效益的高效性。和解机制在时间成本上优于传统正式的调查执法手段。反垄断执法和解程序中规定的期限较短。各国有限制措施防止程序冗余拖沓。以美国为例，司法部同意判决和联邦贸易委员会同意命令在生效前有公示期。同意命令条款的解释会在《联邦公报》上刊载。美国司法部同意判决是在反垄断调查阶段，因此如果被调查者采取行为消除垄断行为后果，联邦贸易委员会就不再启动正式控诉程序。经过公告期（一般为60天），利害关系人和社会公众评论后，联邦贸易委员会可发布终止令或通过统一命令结案。

第三，证据的收集和确认机制。反垄断案件隐蔽性强，证据获取困难，导致案件调查周期长、执法效率低。采用和解执法手段只需掌握行为人基本行为并作出基本违法性判断，便可“引诱”被调查企业提供证据或不需进一步调查，在威慑作用下要求企业消除垄断行为后果。执法和解是典型目标导向性执法手段，体现了效率价值。

---

① 波斯纳 R A. 反托拉斯法［M］. 孙秋宁，译. 2版. 北京：中国政法大学出版社，2003：329.

② 王先林. 论反垄断法的基本价值［J］. 安徽大学学报（哲学社会科学版），2002，26（6）：15-19.

第四，和解协议的执行监督机制。协议达成只是消除垄断行为的初级阶段，协议执行完成了反垄断目标。各国立法关注协议执行监督机制，在协议生效前审查设立专门机构如技术委员会、专业实务委员会或司法机构参与审查。被调查企业违约责任明显时，执法机关恢复继续调查。多个机构参与执行确保和解决定有效遵守，因此提高了和解程序的有效性。

4.3.2 实质公平正义价值

公平价值是法律追求的基本价值，是人类社会建立以来普遍认可的价值。公平指大家平等地存在。由于人有差异性，所以没有绝对公平，只有相对公平。社会公平更多是利益平衡，是指政治、经济、文化等各种利益在社会公众间合理、有序地进行分配。公平分为形式公平和实质公平。形式公平指主体间无论存在什么差异，在法律上都一律平等。形式公平本质上是高度抽象的公平，但意味着对弱势群体不公平。实质公平在追求形式公平的基础上，通过立法对弱势群体特殊照顾，使其尽量在实质上与其他正常群体相平等。机会公平与形式公平相近，结果公平属于实质公平范畴。法律追求机会公平、形式公平、结果公平和实质公平。

反垄断执法和解的价值与反垄断法的价值取向一脉相承，即在实现社会整体利益基础上实现社会资源最优配置，达到整体公正与公平。反垄断执法和解制度的公平价值主要体现在维护竞争者利益、消费者利益与社会公共利益上。反垄断执法和解通过反垄断执法机关与被调查企业缔结和解协议解决反垄断争议案件，和解协议内容由双方基于平等、自愿原则商定。被调查经营者的不正当竞争行为侵犯了社会公共利益、竞争对手利益和消费者利益等，和解协议会对上述利益产生重大影响。为防止和解协议双方为追求自身利益最大化损害上述利益，须关注公平价值在和解制度中的应用，即执法和解双方及社会公共利益、消费者利益、第三方利益之间权衡以实现实质公平。

反垄断执法和解制度的公平价值主要体现在：

第一，赋予和解协议双方当事人、涉及利益第三方、社会公共利益代表等相关方法律权利和义务。相关利益以权利为载体，为实现多方利益平衡，须赋予各方利益主体法律权利以维护自身合法利益。例如，为实现反垄断执法机关与涉嫌垄断经营者之间的公平，欧美等国家和地区法律赋予双方和解启动权与拒绝和解权；为维护相关方利益，法律赋予相关方知情权、评议权等。

第二，增强程序透明度的机制。为防止执法和解程序沦为反垄断执法机关与涉嫌垄断经营者“私下交易”的工具，各国强化了增强程序透明度的制度设计。如美国出台《反托拉斯程序与处罚法》，规定竞争影响评估报告制度、执法和解说明制度、公众评议制度等增强和解程序公开透明的制度。欧盟规定初步评估制度、市场测试制度和听证制度等提高和解程序透明度。其他国家也有类似的制度设计。

第三，维护公共利益与第三人利益的机制。为防止反垄断执法机关与涉嫌垄断经营者以牺牲公共利益与第三人利益为代价片面追求自身利益，欧盟等发达国家和地区反垄断法建立了承诺咨询制度、司法审查制度等维护公共利益和第三人利益的制度。

4.3.3 社会效率与实质公平价值的冲突

从学理逻辑和政策实践看，效率和公平的辩证统一关系一直是我国发展过程中不可回避的问题。自十一届三中全会以来，按照“初次分配强调效率，再分配强调公平”的主导原则，党的十八大报告提出“初次分配和再分配都要兼顾效率和公平，再分配更加注重公平”的改革思路。党的十九大报告提出“坚持经济增长与居民收入同步增长、劳动生产率提高与劳动报酬同步提高”，党的二十大报告再次明确“居民收入增长与经济增长基本同步，劳动报酬提高与劳动生产率提高基本同步”。其核心内涵是在贯彻以人民为中心的发展思想下，将效率和公平原则贯穿于收入分配各环节，实现初次分配效率原则公平性与再分配公平原则效率性辩证统一。

如前文所述，反垄断法的基本法律价值必然体现法的一般价值，即公平、正义、秩序和效率。传统理论认为非经济类立法如刑法、诉讼法强调公平优先，经济类立法如民商法、经济法等看重效率中心价值取向。但对于反垄断法中价值中心取向和排序，学术界争议集中在公平和效率哪一种更适合作为中心价值取向，以及竞争是否为反垄断法特有价值这两个方面。两种观点的争议点集中在："公平倾向社会成员利益平等化，但容易忽视社会经济发展高效率；效率强调社会经济迅速发展，但容易忽视利益差别扩大。" [①]有学者认为，"以竞争作为反垄断法特有价值并用经济学有效竞争理论解释竞争概念等做法失之偏颇。应重新认识竞争作为传递反垄断法其他价值手段的观点。竞争理论、交易费用经济学及管制经济学都应成为影响反垄断制度供给的理性认识。对反垄断现象的解释和评价应回归到效率价值上来"。[②]

近年来，随着理论的发展和政策导向的变化，认为公平与效率的关系并不一定对立紧张，而是可以辩证统一。作为法律基本价值之一，其本质目标是一致的。建立在公平基础上的效率才是社会发展所需、有意义的效率；实现效率前提下的公平才是社会追求的真正公平，迟来的公平正义难称真正的正义。"反垄断法通过禁止一般、不合理垄断行为和垄断状态，对特殊、合理垄断行为和垄断状态适用除外，既可通过禁止垄断、保障有效竞争以提高经济效率、保障经济公平，又可通过鼓励特殊垄断防止过度竞争以保护社会公共利益"。[③]但在不同领域，即便在相同领域的不同时期追求的价值目标也是不同的，那么不同的价值可能产生冲突。辩证统一发展并非只追求统一，而是通过分析不同价值目标来寻求社会本位性，考虑社会整体利益与个体利益协调统一。必须认识到，社会发展和立法追求合理公平经济秩序下的高效率，二者缺一不可。换言之，实现公平正义下的效率与经济效率下的公平正义的辩证统一是当前社会发展必须追求的目标。

---

① 游钰. 反垄断法价值论［J］. 法制与社会发展，1998（6）：27-31.

② 盛杰民，叶卫平. 反垄断法价值理论的重构——以竞争价值为视角［J］. 现代法学，2005，27（1）：107-111.

③ 张守文，于雷. 市场经济与新经济法［M］. 北京：北京大学出版社，1993.

5 我国反垄断执法和解制度的现状及问题分析

5.1 我国反垄断执法和解制度的现状

我国反垄断执法和解制度也称为经营者承诺制度。《反垄断法》出台后，全国人大常委会法制工作委员会在编写的《反垄断法》条文说明中明确指出，“承诺制度是反垄断执法机关与被调查经营者和解的重要方式”。[①]我国正式立法文件采用“承诺制度”一词。笔者分析原因有两个：首先，我国经营者承诺制度大量借鉴欧盟《第1/2003号条例》立法内容，条例英文表述为“commitment”。牛津词典对“commitment”解释为名词，包含可数和不可数，第一个解释为“承诺”。我国结合法律文化语境采用这一解释。其次，承诺一词相比和解更符合我国执法情况。前文所述，我国反垄断执法采用一元模式即行政执法模式，传统行政执法更看重行政权压迫性。“承诺”强调被调查经营者主动向执法机

① 全国人大常委会法制工作委员会经济室. 中华人民共和国反垄断法条文说明、立法理由及相关规定［M］. 北京：北京大学出版社，2007：270.

关提出求和建议，“和解”倾向双方平等启动权利。因此，承诺一词更符合我国行政执法机关的自身定位。

5.1.1 立法概况

现有立法文件中，涉及该制度规定的主要有《反垄断法》第45条；2009年国家工商行政管理总局颁布《工商行政管理机关查处垄断协议、滥用市场支配地位案件程序规定》(以下简称《程序规定》)，具体内容为第15条至第19条；2010年国家发改委出台《反价格垄断行政执法程序规定》(以下简称《程序规定》)，具体内容为第15条至第18条。2016年国务院反垄断委员会授权国家发改委起草《垄断案件经营者承诺指南》(征求意见稿)(以下简称《指南》)。两个《程序规定》和《指南》是对《反垄断法》第53条的细化和具体化。

值得说明，《反垄断法》第35条规定“附加限制性条件批准经营者集中”，2009年商务部颁布配套规定《经营者集中审查办法》(以下简称《审查办法》)。其内容是，在商务部审查经营者集中案件时，对可能存在排除限制竞争效果的集中行为，可对参与集中经营者提出调整集中交易方案的限制性条件。参与集中经营者可以在该条件基础上与商务部协商，提出改进意见和建议。若商务部和经营者达成一致，商务部就会对集中行为作出“附加限制性条件批准”决定，此决定本质上可以看作是一种经营者承诺。但此处承诺与前文所述的和解制度不同，后文会详细论述。

第一，执法和解制度的主体。根据《反垄断法》第53条规定，国务院授权执法机关有权接受经营者承诺，采取中止调查和终止调查两种结案方式。依照机构改革前执法机关的组成，应包括国家发改委、市场监督管理总局和商务部三个执法机关。根据国家市场监督管理总局的《程序规定》，该法律文件对第53条进行了细化，所以市场监督管理总局一定在其中。从商务部的《审查办法》看，虽然商务部提出“限制性条件”经营者可“承诺”，但商务部对经营者集中开展“审查”而非其他两机关开展“调查”，且不会作出“中止调查”和“终止调查”决定。2016年发布的《指南》明确接受经营者承诺后，执法机关可作出“中止调查”和“终止调查”决定，由此印证我国执法和解制度的主体是市场监督管理总局，不包括国家发改委和商务部。

第二，适用范围。从《反垄断法》第45条表述看，所有“涉嫌垄断行为”都可接受经营者承诺。市场监督管理总局的《程序规定》表述为“涉嫌垄断行为”，国家发改委的《程序规定》表述为“价格垄断行为”。即在2016年前，国家发改委和市场监督管理总局管辖范围内的所有案件都可接受和解。实践中，市场监督机关的中止案件明显多于国家发改委的中止案件，发改委系统作出中止决定条件较高、审查严格。[①]但根据2016年发布的《指南》，第2条详细规定案件适用除外规定，两大类案件不能适用执法和解：一类是调查核实后确定为垄断行为的案件；另一类通过列举方法列明，包括“固定或变更商品价格、限制商品生产或销售数量，分割销售市场、原材料采购市场的横向垄断协议案件”，这4种类型可以分为两大类：前3种是核心卡特尔，第4种是横向垄断协议。[②]

第三，启动主体。根据《反垄断法》第53条和两个《程序规定》的内容，涉嫌垄断行为经营者在被调查期间可提出中止调查申请。可见，我国反垄断执法和解启动时间仅限于被调查期间。但《指南》第5条从提高执法效率角度表明可提前的原则，“执法机关鼓励经营者在尽可能早的阶段提出承诺”，但对尽早理解并未详细说明。和解启动主体仅限于涉嫌垄断经营者即被调查经营者。规定经营者有启动权，还规定经营者在执法机关作出中止调查决定前有撤销承诺申请的权利。执法机关是否有权启动和解，《反垄断法》、两个《程序规定》和《指南》均未明确提及。《指南》赋予执法机关主动与经营者“沟通”的权利，基于“沟通”可自愿提出申请。但是，很难将主动“沟通”权利理解为启动权。因此，根据公权力行使“法无授权即禁止”的重要原则，我国反垄断执法和解制度不允许执法机关启动和解。

第四，反垄断执法和解协议的订立。和解协议属于公权力契约化运作方式，但与一般契约达成无本质区别，也需经历要约和承诺两阶段。《指南》赋予执法机关主动沟通的权利，可视其为要约邀请，经营者主动向执法机关提出承诺意见可视为要约。根据两个《程序规定》，国家

① 林文，甘蜜. 中国反垄断行政执法大数据分析报告（2008—2015）［M］. 北京：知识产权出版社，2016.

② 金美蓉. 核心卡特尔规章制度研究［D］. 北京：中国人民大学，2008.

发改委与市场监督管理总局将和解申请等同于中止调查申请，要求经营者以书面形式提出申请，并由法定代表人、其他组织负责人或个人签字盖章。根据两个《程序规定》和《指南》概括，应包含：(1) 被调查涉嫌垄断行为及可能造成的影响；(2) 承诺消除行为后果的具体措施；(3) 履行承诺的期限及方式；(4) 须承诺的其他内容。反垄断执法机关作为接受承诺主体，须考虑行为性质、持续时间、后果及社会影响等情况后，在1个月内审查，并书面告知经营者结果。经营者承诺期限一般6个月以上不超过3年，最长不超过5年。

第五，关于中止调查决定书的内容。根据《反垄断法》第53条的规定，执法机关在中止调查的决定中应该具体说明被调查经营者承诺的内容以及其他承诺事项。市场监督管理总局的《程序规定》第17条和国家发改委的《程序规定》第15条第2款，以及《指南》的第12条都规定了应当明确载明的内容。这些内容包括：(1) 涉嫌垄断行为的基本情况以及对市场竞争秩序产生或可能产生的影响；(2) 经营者承诺的具体行为和消除行为后果的具体措施；(3) 经营者履行承诺的方式和期限；(4) 经营者定期向执法机关汇报措施执行情况的报告义务；(5) 执法机关对经营者履行承诺的监督手段和措施；(6) 经营者不履行或者不完全履行承诺的法律责任等。

第六，涉及反垄断执法和解决定的执行方面。我国反垄断执法和解决定的执行制度主要考虑3个方面：执行的主体、程序和法律后果。和解决定的执行方式采用了执法机关监督执行与被调查经营者主动履行相结合的方式，这与绝大多数国家的执行方式相同。但这并不意味着只能由执法机关来参与执行。在执行程序方面，两个《程序规定》规定了经营者有义务按照规定的时间向执法机关汇报承诺履行情况。从执行的法律后果上看，有两种情况：终止调查和恢复调查。终止调查的前提条件是“经营者履行承诺，已经消除行为后果”，终止调查决定书应当载明下列内容：“(1) 执法机关调查的经营者涉嫌垄断行为；(2) 经营者承诺的具体内容、消除行为后果的措施；(3) 经营者履行承诺情况；(4) 对经营者履行承诺的监督情况；(5) 终止涉嫌垄断行为的调查。”而恢复调查的条件有两个：第一个条件是《反垄断法》第53条第3款所规定的类型，包括“（1）经营者未履行承诺的；（2）作出中止调查决定所依据的事实发生重大变化的；（3）中止调查的决定是基于经营者提供的不完整或者不真实的信息作出的”。

第七，关于第三人利益保护方面的内容。在信息公示方面，2016年以前的《反垄断法》和两个执法机关的《程序规定》没有对此作出规定。2016年的《指南》则主要从协议内容公开参与和执法决定公示两个方面来保护第三人的利益。首先，根据《指南》第9条规定，经营者的承诺措施要公开征求社会公众意见，时间不得少于1个月。如果执法机关接受了合理的公众意见并作出修改，且修改后的性质已经发生变化，则需要重新征求意见。其次，在作出中止调查决定和终止调查决定后的20个工作日内，这两个决定都需要向社会公众公开。

5.1.2 执法实践情况

根据以上分析，可以看出我国反垄断执法和解制度已初步成形，尤其是2016年《指南》的规定更为详细。然而，在某些方面仍有待完善。目前，根据执法机关发布的竞争执法公告，由于《指南》尚未生效，所以其执法依据仍然是国家发改委和市场监督管理总局发布的两个《程序规定》。随着执法经验的积累和《指南》的生效，相信执法和解制度本身会变得更加明确，具有更实际的价值。

1）反垄断执法和解制度的整体适用概况

根据实践情况的数据分析，在2008年到2015年期间，市场监督管理机关和国家发改委共查处了198件反垄断案件，[①]其中市场监督管理机关查处101件，国家发改委查处97件。在这些案件中，有24件案件申请中止调查，占总案件数的23.8%。其中，7件申请被采纳，成功率为29.1%。适用反垄断执法和解制度结案的案件占比为7%，其中2011年和2014年各有1件，2015年有5件。在2016年，市场监督管理机关和国家发改委共查处了67件反垄断案件，其中市场监督管理机关查处51件，国家发改委查处16件，有8件案件适用了执法和解制度，占11.9%。在2017年，

① 国家发改委查处的系列案件视为一件案件，故一件案件中包含多位案件当事人。

市场监督管理机关及国家发改委查处的181件反垄断案件中，市场监督管理机关查处27件，国家发改委查处154件，有8件案件适用了执法和解制度，占4.42%。2010—2018年市场监督管理机关部分反垄断中止调查案件见表5-1。

表5-1 2010—2018年市场监督管理机关部分反垄断中止调查案件表

序号	案号	案件名称	中止调查时间	终止调查时间
1	浙工商案字〔2011〕第15号 浙工商案字〔2013〕第8号	浙江省慈溪市建设工程检测协会组织本行业经营者从事垄断协议案	2011年11月7日	2013年3月14日
2	工商竞争案字〔2014〕第1号	北市盛开体育发展有限公司垄断经营案	2014年6月3日	2015年1月12日
3	苏工商案终字〔2016〕第1号	江苏省电力公司海安县供电公司涉嫌垄断经营案	2014年9月5日	2016年8月19日
4	宁工商竞争案字〔2015〕第2号 宁工商竞争案字〔2017〕第1号	中国铁通集团有限公司宁夏分公司垄断经营案	2015年5月14日	2016年12月9日
5	宁工商竞争案字〔2015〕第3号 宁工商竞争案字〔2017〕第2号	中国联合网络通信有限公司宁夏回族自治区分公司垄断经营案	2015年5月14日	2016年12月9日
6	宁工商竞争案字〔2015〕第4号 宁工商竞争案字〔2017〕第3号	中国电信股份有限公司宁夏分公司垄断经营案	2015年5月14日	2016年12月9日
7	内工商竞争案字〔2016〕第4号	鄂尔多斯市三亚液化石油气有限公司等三家公司涉嫌垄断经营案	2016年6月28日	2016年12月14日
8	内工商竞争案字〔2016〕第4号	鄂尔多斯市东胜区荣美石油液化气有限公司涉嫌垄断经营案	未知	2016年12月14日

续表

序号	案号	案件名称	中止调查时间	终止调查时间
9	内工商竞争案字〔2016〕第4号	鄂尔多斯市现代燃气有限公司涉嫌垄断经营案	未知	2016年12月14日
10	鲁工商公案字〔2016〕第29号 鲁工商公案字〔2017〕第16号	国网山东省电力公司烟台市牟平区供电公司涉嫌垄断行为案	2016年12月26日	2017年6月30日
11	内工商竞争案字〔2015〕第1号 内工商竞争案字〔2017〕第1号	中国移动通信集团内蒙古有限公司垄断经营案	2015年9月1日	2017年12月20日
12	内工商竞争案字〔2015〕第2号	中国联合网络通信有限公司内蒙古自治区分公司垄断经营案	2015年10月28日	2017年12月20日
13	内工商竞争案字〔2017〕第2号	中国农业银行股份有限公司内蒙古自治区分行涉嫌滥用市场支配地位行为案	2018年1月8日	
14	沪工商案字〔2018〕第000201710008号 沪工商案字〔2018〕第000201710009号	上海公立医疗机构药品集团采购联盟相关经营者涉嫌垄断行为案	2018年1月22日	

2）市场监督管理机关适用执法和解制度情况

2017年，市场监管机构和国家发改委共查处了27件案件，其中7件申请中止调查，占比25.9%。这7件案件中，6件申请成功，成功率高达85.7%。适用和解制度结案的案件占比22%。值得一提的是，这6件中止调查的案件均涉及共用企业。唯一未获成功的申请中止调查的案件为吴江华衍水务有限公司滥用市场支配地位案，当事人坚持辩称其不存在违法行为，因此反垄断执法机关对中止调查的申请不予同意。

总体来看，2008—2017年这10年间的结案比例一直较低（2008—2017年市场监管机构执法概况见表5-2）。这说明当事人在反垄断行政调查中，大多没有意识到利用中止调查申请来维护自身合法权益的必要性。另一方面，执法机关在适用制度时也比较谨慎，这可能与反垄断法在我国执法实践中应用的时间较短有关。但是，总体上看，结案比例呈不断上升的趋势。不论是案件的申请比例还是结案比例，都呈现增加的趋势。这表明，一方面案件数量不断增加，另一方面执法机关更倾向于利用制度的低成本和高效率优势来排除限制竞争行为。

表5-2　**2008—2017年市场监管机构执法概况**

时间	案件数	申请数	成功数	成功率	结案比例
2008—2015	101	24	7	29.16%	7%
2016	51	9	8	88.90%	15.6%
2017	27	7	6	85.71%	22%

3）国家发改委适用执法和解制度的情况

在2008年至2015年期间，国家发改委系统中止了2件案件。2016年，国家发改委及各省级物价主管部门查处了16件垄断案件，但都未使用执法和解制度。同时也没有发现当事人向执法机关申请中止调查。在2017年查处的154件垄断案中，也出现了与2016年相同的情况。2008—2017年国家发改委中止调查案件的情况见表5-3。

表5-3　**2008—2017年国家发改委中止调查案件的情况**

序号	企业名称	申请中止理由	立案时间	中止调查时间	是否终止调查
1	湖北盐业集团有限公司武昌分公司	积极配合价格主管部门的调查，主动采取了收回余货等减轻违法行为后果的措施，且其涉案数量数额、销售对象、市场辐射、社会影响等均较小，并提交了非盐商品销售的承诺书	2010年8月	2010年8月	未知
2	美国IDC公司	积极配合调查，提出了消除涉嫌垄断行为后果的具体措施	2013年6月	2013年6月	未知

由此可见，市场监管机构中止案件的数量明显多于国家发改委的。尽管目前不得而知国家发改委系统中止的案件是否最终被终止，但可以看出，国家发改委系统对案件的审查和条件要求比较严格，因此决定中止案件的数量较少。

4）典型案例分析

2010年武昌盐业分公司强制搭售案是我国反垄断执法历史上最早适用中止程序的案件之一。[①]该案的情况是这样的：根据湖北盐业集团有限公司和湖北盐业集团有限公司武汉分公司提出的发展“非盐经济”的工作要求，武昌盐业分公司于2010年7月5日以每件38元和47元的价格，从荆州“活力28”沙市日化有限公司购进不同类别的“活力28”洗衣粉共计1 400件。7月9日至8月3日，武昌盐业分公司青山批发部按3~5元/件的差价，将380件洗衣粉售给2家食盐批发兼零售经销店，分别为永隆干调店和张斌调料店，总货款为19 362元。在接受调查人员询问时，永隆干调店店主何红军回答说：“因为我们与盐业分公司关系好，所以帮他们销售一些沙市日化洗衣粉。”张斌调料店店主张斌回答说：“在批发食盐的时候，曾有过普通碘盐搭售营养盐的现象，前段时间还可以选择沙市日化洗衣粉。洗衣粉相对营养盐销路好，我们愿意批发洗衣粉。”永隆干调店和张斌调料店在销售食盐的过程中，采取了搭售和分售两种方式，将200件洗衣粉转售给了若干零售商店。其中，绝大部分零售商店没有采取搭售的方式，而是以分售方式分别销售食盐和洗衣粉。

在此案曝光后，武昌盐业分公司于8月13日从张斌调料店收回未售出的洗衣粉。8月20日，武昌盐业分公司书面向湖北省物价局提交了规范非盐产品销售的承诺。该公司在搭售洗衣粉事件中表现出较好的态度，积极配合价格主管部门的调查，并主动采取了收回余货等减轻违法行为后果的措施。此外，该案件的涉案数量、销售对象、市场辐射和社会影响等均较小，武昌盐业分公司还提交了规范非盐产品销售的承诺书。基于《反垄断法》第53条的规定，湖北省物价局作出了中止调查

① 叶高芬. 滥用市场支配地位的反垄断规制［M］. 北京：法律出版社，2014：84.

和提醒告诫的决定。具体来说，这一决定包括两个方面：一是对于武昌盐业分公司“搭售事件”，决定中止调查，并提出限期整改（1个月）并跟踪监督（2个月）的限制条件。如果发现该公司不履行承诺、不改正错误、不整改到位，将立即恢复调查。二是决定对湖北盐业集团有限公司和湖北盐业集团有限公司武汉分公司进行提醒告诫。要求这两家公司督促武昌盐业分公司履行承诺、整改到位，并进一步加强对重点辖区内分支机构的管理。此外，要整顿湖北省和武汉市区域内的盐及非盐商品销售行为，防止类似滥用市场支配地位的违法行为再次发生。

5.2 我国反垄断执法和解制度存在的问题

我国早期的反垄断立法工作主要借鉴了苏联、德国、法国、日本等国家，因此在法律体系上归属于大陆法系，但仍有学者对此有不同看法，例如认为应归属中华法系和远东法系。[①]在经济立法方面，虽然也借鉴了美国和欧盟的立法经验，但如果必须在两种法系中选择一种，那必然是大陆法系。因此，“大陆法系传统所注重的科学的概念体系至为关键，因为理论体系的构建、逻辑的推演都是以精确的概念为基础的”。[②]《反垄断法》是我国经济的宪法，也是经济立法领域中最为关键、相对较晚的法律之一，其在理论和实务界被讨论得最为深入。自2007年该法公布以来，面对复杂而广泛的行政垄断问题、管制行业的限制竞争问题以及“三驾马车”式的机构设置问题和执法效果问题等，人们对该法的质疑从未停止过。更为关键的是，在反垄断研究领域中，“重实体、轻程序”的传统法学理论始终存在，特别是在执法和解这个制度本身方面，一开始并未受到学界的普遍关注，更多的关注则是在2012年的联通和解案之后才开始的。从2002年7月25日公布的《反垄断法》（征求意见稿）开始，到最终的正式版本出台，可以发现几次草案中关于执法和解制度的规定几乎没有太多的变化。笔者推测，原因是学术界对该领域的关注不够，理论研究储备不足，同时，这样一种执法

① 梅利曼J H. 大陆法系［M］. 顾培东，禄正平，译，3版. 北京：法律出版社，2021.
② 尹亚军．“问题导向式立法”：一个经济法立法趋势［J］. 法制与社会发展，2017（1）：68-80.

和解契约化的制度在广受关注的《反垄断法》中推出，如果篇幅过重，就可能会引起更大的争议。基于这些原因，2008年版的《反垄断法》仅在第6章“涉嫌垄断行为调查”中的最后部分以一项法条（包含3款内容）的形式公布。随后两个机关的《程序规定》中所涉及的条款也未将原来的第45条规定细化到足以详细操作执行的程度，仅仅是对原第45条的简单细化。2022年修订的《反垄断法》第53条基本上是对原来的第45条的复制，变化并不重大。真正有所变化的是2016年发布的《指南》，它全面细化了原来的第45条（现在的第53条），其中包括了第17条规定，是反垄断委员会发布的6个指南之一。从《指南》的内容来看，它基本上回应了近年来理论研究中的问题，详细规定了立法目的、适用范围、程序启动、程序执行和第三人利益保护等方面。

5.2.1 案件适用范围过窄

《反垄断法》第45条并没有规定哪些案件适用反垄断执法和解制度。但在《指南》第2条中，对适用范围进行了规定。

第一，具体而言，该条规定表示，如果执法机关在对垄断行为进行调查后，已经拥有足够的证据证明该行为构成垄断行为，那么就不再适用和解制度。这意味着，执法机关的自由裁量权并不是无限制的，而和解制度只是传统执法方式的补充，只有在无法判断是否构成垄断行为时，才能适用和解制度。然而，这种观念实际上是对反垄断和解制度的一种误解，因为和解制度并不是正式调查的一种补充，而是一种与传统执法方式并存的执法方式。它存在的原因是，与传统执法方式相比，在某些情况下，和解制度更能在节约执法成本和提高执法效率之间取得平衡。在能够适用反垄断和解制度的案件范围上，大多数发达国家和地区，如美国、欧盟和日本等，并没有说明如果已经构成垄断，就不能适用和解制度。例如，欧盟《第1/2003号条例》第9条规定，如果欧盟委员会对经营者的行为表示出担忧，经营者就可以向委员会作出消除这种担忧的承诺。因此，委员会对违法行为有两种终结方式，即作出罚款决定或接受承诺决定。实际上，接受承诺决定是罚款决定的替代程序，二者并没有先后顺序之分。[①]

第二，针对固定或变更商品价格、限制商品生产或销售数量、分割销售市场或原材料采购市场的横向垄断协议案件，执法机关不应接受经营者提出的承诺，也不应实施中止调查的除外规定。这句话实际上是通过列举可以适用和解制度的例外情况来作出规定。如果对这些行为进行简单分类，即为横向核心卡特尔。核心卡特尔这一概念是 OECD（Organization for Economic Co-operation and Development）在 1998 年发布的《理事会关于有效打击核心卡特尔的行动建议》（Recommendation of the Council Concerning Effective Action against Hard Core Cartels）咨询建议报告中提到的。理事会认为，核心卡特尔是竞争者之间限制竞争的一种行为，包括固定价格（Fix Prices）、违法招投标（Make Rigged Bids）、建立出口限制和配额（Establish Output Restrictions or Quotas）、分割市场等行为（Share or Divide Markets by Allocating Customers，Suppliers，Territories，or Lines of Commerce）。[②]2002 年 OECD 竞争委员会的报告《关于核心卡特尔的性质和损害及在国家竞争法层面的反对报告》（Report on the Nature and Impact of Hard Core Cartels and Sanctions against Cartels under National Competition Laws）中指出，国际社会认为核心卡特尔是各种形式的限制竞争行为中最为有害的一种，各国竞争法都应该谴责这种行为，有些国家把核心卡特尔行为列为刑事犯罪行为。[③]从各国执法和解制度实践来看，无疑都将核心卡特尔作为排除的对象。美国《反托拉斯程序与处罚法》及其修正案没有明确规定适用范围，但由于联邦贸易委员会只对民事案件拥有管辖权，而司法部对刑事和民事案件都有管辖权，因此目前只有在民事案件中发出过同意判决，对于核心卡特尔案件一般采用刑事起诉的方式。欧盟在《13/189 备忘录》中也对这一理念进行了重申，其认为，在更适宜罚款的案件中，适用承诺决定是

---

① WILS W P J. The use of settlements in public antitrust enforcement：objectives and principles［J］. Social Science Electronic Publishing，2008，31（3）：335-352.

② OECD. OECD legal instruments：recommendation of the council concerning effective action against hard core cartels［R/OL］.（1998-03-25）［2019-07-02］. https：//legalinstruments.oecd.org/en/instruments/OECD-LEGAL-0294.

③ OECD. Report on the nature and impact of hard core cartels and sanctions against cartels under national competition laws （OECD）［J/OL］.［2019-05-02］. http：//www1.oecd.org/daf/competition/cartels/2081831.pdf.

不适宜的，因为在核心卡特尔案件中，应当排除承诺决定。我国的立法维持了这一原则，并在核心卡特尔的限制条件中加入了横向垄断协议的限制，也就是说，纵向垄断协议的核心卡特尔案件是可以适用和解制度的。这种做法显然排除了绝大多数纵向垄断协议的可能性，但纵向垄断协议本身所造成的危害行为不一定比横向垄断协议小。因此，这种规定显然不适合。换句话说，和解制度的基本原则是不适用于严重违法的垄断行为的。虽然判断是否是核心卡特尔是衡量行为严重性的标准之一，但并非唯一标准。

第三，经营者的范围问题。在我国，行政垄断是一种独特的存在，是中国特色的垄断形式。因此，在这方面的立法经验可借鉴性很少。各国对主体名称的表述也不尽相同。例如，欧盟选择使用“企业经营者（Undertaking）”，美国则通常使用“商业经营者（Business Dealer）”，而我国则称之为“经营者”。那么问题来了，我国法律规定的“滥用行政权力排除、限制竞争行为”的实施者是否也可以称为经营者呢？正如前文所述，执法和解制度对于解决全面开花的行政权力垄断是非常有益的。

5.2.2 程序制度方面的问题

1）程序启动方面的不足

（1）启动方式比较单一

从《反垄断法》第53条的规定来看，并没有明确说明和解制度的启动方式，只规定在被调查经营者作出有效承诺后，反垄断执法机关可以作出中止调查的决定。根据《指南》第4、第5、第6条的表述，进一步强化了这种理念：我国的执法和解制度只能由执法机关主动提出，而不能由执法机关主动发起。第4条规定了经营者可以提出申请的时间，即“开始调查后”至“作出处罚前”，在此期间，经营者都可以提出承诺并申请中止调查；第5条规定“执法机关鼓励经营者尽早提出承诺”“执法机关可以与经营者沟通，由经营者自愿提出申请”；第6条规定“经营者应当以书面形式提出承诺和申请中止调查”“执法机关可以就是否适宜中止初步审查进行裁量”。从以上法条中可以清晰地看出，我国的和解制度只能由经营者主动提出，并且只能以书面形式申请。即便执法机关想主动发起，也只能是“与经营者沟通”。

将和解制度的启动方式限定为只能由经营者书面申请，这似乎比较符合我国对行政执法机关的定位。然而，这样的规定容易导致执法机关仅仅为了单纯追求执法效率而将和解制度作为威胁经营者的工具。虽然在制度框架下，双方都有充分协商的权利，但执法机关有时可能会忽视这一点。因此，在契约机制和原则下，执法双方应享有相对平等的权利义务地位。这种平等不仅包括协商上的平等、改变和撤销上的平等，也应包括启动和解制度上的平等。这符合和解制度所体现的平等协商的精神。①

（2）启动的先决条件不明

虽然在《指南》第4条中对和解启动的时间作出了规定，但仍有一个启动条件不明确，即经营者在正式调查开始后向执法机关申请和解时，是否需要主动承认自己的行为构成了违法行为，或只需承认其行为对市场造成了基本影响。尽管《指南》第3条明确规定了中止调查和终止调查的法律后果，但一旦执法机关作出正式的中止决定，则行为人的性质定性就会被搁置。而作出终止调查的决定，则只是执法机关在此案调查中不予讨论行为人的性质。然而，在类似行为和私人诉讼中，中止调查和终止调查不得作为相关证据出现。《指南》并没有明确执法机关是否会基于行为人对垄断行为的自认而作出中止调查的决定。

2）执行程序中规定的模糊与监督机制缺失

（1）“消除行为后果”判断标准缺失

根据《反垄断法》第53条的规定，“被调查的经营者应当承诺在反垄断执法机关认可的期限内采取具体措施消除该行为的不良后果”，但在《指南》中，对于该概念缺乏具体细化。虽然可以从第1条第2款的立法目的中推断判断标准，即“实现保护市场公平竞争、维护消费者利益和社会公共利益”，但随着全球经济一体化向区域化领域过渡，尤其

① 《指南》第8条：执法机关受理经营者提出的承诺后，经营者与执法机关可以就承诺内容进行协商，包括案件事实的具体表述，承诺措施能否有效消除涉嫌垄断行为的后果，以及是否限于解决执法机关所关注的竞争问题等。《指南》第4条：执法机关作出中止调查决定前，经营者也可以撤回承诺。经营者决定撤回的，执法机关将及时终止对经营者承诺的审查程序，继续对该涉嫌垄断行为进行调查，并不再接受经营者提出的承诺。

是在“互联网+”的大背景下，技术革新可能会导致行为后果具有多重性。因此，判断标准需要有详细的说明，而不必逐条列举所有可能的具体后果。无论客观情况如何变化，审查标准都应该尽可能地保持不变。同时，在判断“消除行为后果”的主体方面，是否应该是多元化的呢？目前，根据现有表述，似乎唯一的主体是执法机关，公众参与的最终决定权仍在执法机关手中。如果不引入其他机构，如司法行政部门和法院，那么是否会导致执法机关成为“裁判员兼运动员”？

（2）对于完成承诺的判断标准不明确

执法和解制度能否发挥作用的关键在于经营者与执法机关达成的和解协议中的义务是否能够充分履行。根据规定，如果经营者能够按照承诺的内容履行完毕，中止调查则转为终止调查；如果经营者不能履行完毕，中止调查则转为恢复调查。因此，判断承诺是否完成是关键。对于一般的契约，完成承诺很简单，只要如实地按照合同的条款做就可以，形式上和实质上可以高度统一。但是对于和解协议，由于其最终目的是消除影响、恢复原状，所以形式上和实质上的完成可能不同。经营者承诺采取的具体措施全部实施完毕即为履行承诺，还是要求消除行为的消极后果才能视为履行承诺呢？因此，完成的标准是多元化的，可以从量的标准，也可以从质的标准。两者各有利弊，采用量的标准很可能达不到执法机关所追求的消除影响的效果，结果难以控制；反之，采用质的标准则可能会使经营者的实际行为超过其在协议中承诺的具体行为，对于经营者来说不公平。因此，应该综合考虑，判断标准应该以消除影响、恢复市场秩序为主要目的，并在尽量长的时间内保持不变。同时，要确保判断主体是唯一的执法机关，避免裁判员与运动员兼任的问题。最后，质的标准应该作为辅助标准，量的标准仍然是重要的考量因素，以保证执法和解制度的有效实施。

（3）对恢复调查所依据事实是否发生“重大变化”界定不清

根据《反垄断法》第53条规定，执法机关可以恢复调查的原因之一是中止调查决定所依据的事实发生了重大变化。然而，“重大变化”的定义过于笼统，这为执法机关赋予了太大的自由裁量权。此外，执法机关公布的信息中并未明确说明“作出中止调查决定所依据的事实”是何种事实。因此，对于何种事实变化属于“重大”，何种变化属于“非重大”，可能会存在不同的解释和看法。如果能将具体的判断标准量化或标准化，就有利于维护执法机关的执法权威。

（4）经营者承诺的履行期限

根据《指南》规定，经营者承诺的履行期限应由执法机关根据具体案情决定，最短不少于6个月，最长不超过3年，如果案情重大、复杂，经营者无法在3年内完全履行承诺，消除涉嫌垄断行为的后果，那么承诺的履行期限最长不应超过5年。通常情况下，承诺期限是市场主体履行承诺的约束期间，也是执法机关评估主体能否消除影响、恢复竞争秩序的最长时间。期限的长短取决于案件的具体情况，执法机关可以根据客观情况适当延长或提前终止承诺决定。然而，《指南》对承诺期限给出了一个固定的期间，可能会引起一些问题。比如，是否有必要将最长承诺期限限制在5年内？美国的执法和解中，一般同意判决的最长期限为5年，但是联邦贸易委员会曾签发过20年的超长和解协议，比如在2000年3月，世界最大的香料及调味制造商McCormick（味好美）因价格差别待遇的指控与联邦贸易委员会达成和解，委员会依据和解协议签发了一份有效期限长达20年的同意命令，并要求McCormick将统一命令发布给每一个与销售产品业务有关的员工，还要求McCormick在公司组织机构变动导致影响同意命令执行时，必须及时告知委员会。《指南》规定了经营者承诺的履行期限，执法机关应根据具体案情自由裁量，一般最短不少于6个月，最长不超过3年。然而，考虑到和解案件的特殊性，恢复竞争秩序所需的时间长短只是执法机关的一种估算，最长期限的设置是没有必要的，因为时间长短的效果只能根据具体案情来评估。另外，《指南》没有对提前结束承诺协议作出规定。现代经济社会发展变化快速，几年的承诺很有可能在后期市场技术等因素发生巨大变化时失去履行的意义。因此，应当赋予当事人申请缩短履行期限的权利，以适应市场变化的需要。经营者可以申请延长承诺履行期限，但企业自然不会主动申请延长，因为这会增加履约成本。执法机关应当依职权，在与经营者协商的基础上，给予经营者履约延长的权利，特别是当规定中对“消除后果”等的判断标准存在相对主观的、难以界定的问题时，这一措施尤为重要。

（5）和解协议的监督执行细节不足

一般来说，当和解协议已经达成并作出决定后，双方自由协商的内容将成为对双方都具有约束力的正式决定，执法机关和经营者都必须遵守。市场主体遵守承诺的表现是履行决定中所载明的义务，而有些国家规定了自我汇报或自行汇报条款。执法机关则有监督经营者履行义务的责任，通常要求经营者定期或不定期向其报告，并在履行期满后评估履约情况来终结案件。在我国，根据《指南》的规定，和解协议一经达成，执法机关应发布《中止调查决定书》，其中明确载明经营者的定期报告义务、执法机关对经营者履行承诺的监督措施以及不履行或不完全履行承诺的法律后果。这表明和解协议是以中止调查决定书的形式出现，而经营者的承诺制度不是一种非正式调查，而是一种正式调查。我国还引入了美国同意命令中的检查条款（Visitorial Clause）来监督承诺的履行。尽管我国规定了经营者应按中止调查决定书的要求向执法机关书面报告承诺履行情况，并规定执法机关应对经营者履行承诺情况进行监督，但监督方式过于简单，没有提供具体的监督方式，监督机制可能仅流于形式。此外，监督也需要耗费成本，执法机关未必有足够的主动监督激励。因此，仅靠经营者的主动报告制度是不够的。一旦执法机关因信赖或相信经营者报告而放松主动监督，就会使其对经营者是否及如何履行承诺的情况缺乏了解，影响承诺制度的适用效果。此外，如果经营者不能及时提交报告，那么执法机关该如何制约？当出现轻微违约行为时，执法机关应该直接出示红牌还是应该先给出警告或出示黄牌的机会？此外，《指南》第2款规定，“必要时，执法机构可以委托独立的第三方专业组织进行监督”。大多数发达国家和地区没有类似的规定，因此可能会对第三方组织的专业性和独立性产生担忧，具体效果我们将不得不拭目以待。

（6）对于恢复调查与违反承诺的法律责任

首先，在执法和解制度下，只有在经营者完全履行承诺后，案件才可能终止。通常情况下，案件都有一定的执行期限，因此当执法机关认为决定已经不能消除涉嫌垄断行为所带来的消极后果时，在这个期限内就应该恢复案件的调查程序。《指南》没有对恢复调查的条件进行进一步细化，而是直接引用了《反垄断法》第53条第3款的内容，即恢复调查的3个原因，包括未履行承诺、客观事实重大变化以及中止调查决定是因为经营者提供了不真实信息。其中第1个和第3个原因比较清晰明确，问题主要在于第2个原因，即“中止调查决定所依据的事实发生重大变化”。这样的规定过于概括，实践中比较难操作。美国联邦贸易委员会在同意命令程序中规定，当“事实条件”“法律”“公共利益”发生变更时，《联邦民事程序规则》第60条（b）项采用了公平原则审查。我国的规定基本与欧盟的规定相同，此处不再赘述。澳大利亚《贸易行为法案》第87条第2项规定，行为人可以申请变更承诺，但需要经过执法机关同意，特别是当承诺实际上不可能实施或发生变化时。其他主要国家的立法基本延续了这种思路。然而，存在的问题是模糊的规定对于执法机关的自由裁量权行使造成了很大的考验。

其次，是关于违反承诺的法律责任。虽然根据和解协议的约定，经营者本应当履行其主动承诺或接受的和解义务，但在实践中，有时经营者未能履行承诺并违反和解协议。主要国家和地区对这种行为都规定了相应的违法责任。在美国，联邦贸易委员会的《联邦贸易委员会法》第5M1（A）款规定，任何违反委员会关于不正当、欺骗性交易及惯例或者不正当竞争法的自然人、合伙人及公司，将被处以每一违反行为不超过10 000美元的民事处罚。如果经营者继续违反规定，每违反一天将被视为一项违法行为。法院将考虑该行为的历史、支付能力对经营能力的影响以及其他公正方面来决定民事处罚的数量。在欧盟，根据《第1/2003号条例》的规定，无论故意还是过失，委员会都可以根据请求或主动重新启动程序，对违反和解协议的经营者处以不超过其上一年度营业额10%的罚款。罚款的数量依据违规行为的持久性和对市场的影响来裁定。如果有其他经营者协助接受承诺的经营者违反承诺，也会被处以不超过10%的罚款。委员会还可以对经营者施以不超过其日营业额5%的定期罚款。在澳大利亚，如果接受承诺的经营者违反承诺，竞争执法机关ACCC（澳大利亚竞争与消费者委员会）可以向法院申请命令，要求经营者向政府支付款项以赔偿因违反承诺而导致的直接或间接损失，或因违法行为而造成的他人损失。日本根据《禁止垄断法》第90条的规定，对于不遵守已经达成的同意判决的行为，将被处以2年以下有期徒刑或300万日元以下罚款。我国在这方面的立法相对较为缺乏，特别是针对第53条的内容缺乏单独的法律责任规定。《反垄断法》只规定了恢复调查作为执法机关可采取的措施，而没有对违反第53条的行为予以法律责任承担的规定。根据《指南》第17条规定，执法机关可以依据《反垄断法》第45条第3款第1、第3项情形恢复调查并认定为垄断行为，对经营者依法从重处罚。也就是说，如果经营者故意提供虚假信息误导执法机关作出中止调查决定，或者不履行和解协议导致重新调查，执法机关可以针对违法行为加重处罚。但这样的加重处罚并非针对违约行为本身，而是放到后续垄断行为的处罚中去，因此违反和解协议约定的行为只能构成一个法定的加重情节。这显然不能对经营者违反和解协议的惩处力度作出充分保障。

5.2.3 利益失衡带来的第三人权益保障的缺失

1）和解制度中第三人的界定

（1）第三人的界定

第三人是一个专门的法律术语，虽然各基本法律中都涉及第三人，但并没有准确的定义。在民事诉讼法中，第三人指的是那些在原告和被告所争议的诉讼标的上拥有独立请求权或者虽然没有独立请求权但与案件处理结果有法律上的利害关系，并参加正在进行的诉讼的人。而在行政法中，第三人指的是那些受到行政机关或者行政机关工作人员具体行政行为间接影响的自然人、法人和其他组织，且具有利害关系。[①]而在反垄断执法和解中，第三人通常是指那些除执法机关和接受和解承诺的经营者外，其利益受到和解协议影响，且与和解协议具有直接利害关系的自然人、法人和其他组织。

（2）第三人的范围

和解协议是执法机关与违法经营者之间达成的一种协议，旨在通过

① 李采益. 反垄断执法承诺制度中第三人权益保护的对象［J］. 法制与社会，2014（32）：28-29.

协议的约束使行为人积极履行特定义务以消除垄断行为的影响。一般情况下，合同或协议对当事人双方以外的第三人可能会产生特定的影响。然而，和解协议作为一种契约具有特殊性。这体现在，一般情况下的合同是通过对自身利益的割让以寻求利益的最大化。但是，在和解协议中，执法机关让渡的并不是自身的利益，而是其身后所代表的公共利益。另一方面，垄断行为本身侵害的法益具有复杂性，因为其侵害的法益并不是某个人的利益，而是公平竞争秩序，换句话说，这种秩序的侵害决定了不特定多数的主体可能都有一个直接或间接的诉求。例如，如果某经营者决定不再搭售某种特定的产品，那么经营者与该种特定产品的购销合同可能就会被终止，即便经营者承担违约责任，特定商品经营者还可能有一连串的商业购销行为，数个合同可能会被影响。

根据和解协议对第三人的影响方式，我们可以将第三人分为广义第三人和狭义第三人。广义第三人是指除执法机关和接受和解承诺的经营者之外，所有受到影响的自然人、法人和其他组织。而狭义第三人可以进一步分为直接利益关系第三人和间接利益关系第三人。

直接利益关系第三人根据对象是否特定可以分为两类：

一是特定对象的直接利益关系第三人，即直接受害人。直接受害人是因垄断行为而直接遭受损失的自然人、法人或其他组织，如受到限制购买的人、受到限制转售价格的第三人和被拒绝交易的人等。这些受害人可以是普通消费者、竞争对手或合作者。①但并非所有的垄断行为都有直接的受害人，例如特定市场划分和经营者集中等。对于直接受害人，一旦执法机关与经营者达成和解协议，则意味着经营者的违法行为被模糊处理。这对于他们接下来要主张的反垄断民事诉讼来说，不仅在取证、调查等方面增加了很大的难度，而且其反垄断私人执行也会受到影响。

二是垄断协议会对不特定的第三人，也就是间接受害人，造成直接利害关系。相比于直接受害人，造成直接利害关系间接受害人的人数通常更多，且在达成和解协议后，他们也会受到直接的不利影响。这些受

---

① 刘继峰．概念外延的变动及其法律适用——以反垄断法中致害人和受害人为中心［J］．法学论坛，2009，24（3）：58-63.

害人通常难以分类，但只要他们因为垄断协议而受到直接影响，就应该受到保护。例如，在经营者集中案件中，A、B两个企业的合并可能会导致它们的市场份额特别巨大。执法机关可能会在对其进行审核后允许它们的集中行为。短期来看，这样的集中可能并没有特殊的直接影响。但对于其他经营者而言，由于这些经营者的市场份额变大，所以它们自己的市场份额相对减少，这将直接影响其生产、销量，从而影响其未来的经营成本和利润。执法机关要求经营者停止捆绑销售的行为后，其捆绑销售产品的交易也将影响到供货商和消费者等其他交易方，这些影响也属于间接受害人的范畴。

"间接利益关系第三人"指的是垄断行为所造成的损害并不直接指向这类人的利害关系人。通常情况下，对于这类人的损害不需要制定特别的保护程序。这主要是因为，首先，这类人数往往是不确定的多数，而且逻辑关系过于复杂，过度制度化容易导致保护范围被无限放大，引起滥诉行为和司法资源的浪费。其次，间接利益关系第三人的利益与社会公共利益在相当一部分范围内是重合的，因此可以通过保护公共利益来实现对其利益的保护。这主要是因为：第一，两者范围相似，都属于不特定多数第三人的范围；第二，两者所保护的利益都具有公共性；第三，两者的利益都是相对难以量化和直接可见的，属于间接利益的范畴。因此，针对这类利益的保护机制与直接利益关系第三人的保护机制有所不同。

当然，严格来说，对于间接利害关系第三人和社会公共利益的界定更多是学术研究的层面，而实践中很难将这两种利益进行明确区分。从保护机制的角度来看，实际上也没有必要过多区分这两者之间的界限，因为它们之间并没有明显的分界线。任何受到直接侵害的个体，只要能够证明自己的利益受到了侵害，就可以从间接利害关系转变为直接利害关系，并获得更多的保护。当然，如果不能证明自己的利益受到了侵害，作为社会公众，也可以通过参与公开的和解机制来享有一定的参与权。换句话说，无论是直接利益还是间接利益，只是保护的机制和程度不同，法律或制度并没有排除其参与其中的权利。从这个角度来看，一些旨在保护直接利益人的制度也可适用于间接或公共利益的保护；同样，对于公共利益保护的制度也可适用于直接利害关系人。

2）利益失衡因素可能引发“和解悖论”

执法和解制度是一种建立在执法机关与涉嫌垄断经营者之间的利益安排，然而由于执法机关在这种利益安排中处分的并不是一般的私益，而是其背后所代表的公共利益。因此在一个和解协议中，归纳而言，可能会出现这样两种利益的纠葛：第一种是执法机关和涉嫌垄断经营者之间的利益纠葛。这里对于涉嫌垄断经营者还可以进行细分，其中包括了向执法机关提出中止调查申请的经营者和存在类似行为但没有提出申请的经营者。第二种是受执法协议安排影响的第三人的利益。如前文所分析，这里可以分为有直接利害关系的第三人和无直接利害关系的第三人，其中前者可以分为特定对象的直接利害关系第三人和不特定对象的直接利害关系人，而后者一般称之为公共利益。之前章节中已经分析了执法机关和第三人的利益关系博弈，由于我国在《指南》中对这部分已经作出了详细的规定，此处分析的“和解悖论”仅对执法机关与涉嫌垄断经营者之间的利益失衡问题进行讨论。

（1）和解经营者与符合条件未和解经营者之间的利益失衡

执法和解制度之所以能够实现提高执法效率的目标，其根本原因之一是其制度具有灵活性和自由裁量性。然而，这两个特性也是一把双刃剑。尽管它们可以在提高执法效率和降低执法成本方面发挥重要作用，但也容易导致不同的判断标准，因为必须给予执法机关高度的自由裁量权，才能实现这一目标。而这种不同的判断标准可能出现在执法和解的各个阶段，例如启动、协商、执行阶段等。

具体而言，在启动程序方面，我国的《指南》采用了明确的申请主义原则，即执法机关无权主动启动该程序，只有批准权。然而，这种权力分配容易导致以下两个问题。

第一，可能会导致相同垄断行为的不同处理结果。当两个经营者从事类似或同一种涉嫌垄断行为，但仍适用于执法和解的范围时，一个经营者申请中止调查，而另一个经营者没有申请，则当执法机关接受申请时，对于这两个相似或相同行为的经营者最终的处理结果将不一致。这种不一致的处理结果可能包括时间上的不一致，也可能包括空间上的不一致，即对同一市场主体在不同时期或对不同的市场主体采取区别对待。例如，一个经营者在20年前和20年后分别实施了相同的行为，但20年前由于主动申请而免于正式调查并确定行为不违法，而20年后因为未申请中止调查，执法机关也无法主动启动调查，因此行为将被认定为违法。这就是职权主义所带来的问题。

第二，和解制度存在执法标准不统一的问题。当两个经营者同时申请中止调查时，执法机关会根据其消除影响或恢复原状的承诺来判断是否接受申请。赔偿损失是一种比较客观的判断方式，而消除影响或恢复竞争秩序则比较主观，因为这种判断体现了执法机关对客观市场竞争情况的主观看法，也会导致审查标准不统一的情况。由于过大的自由裁量权所带来的弊端，所以可能导致一个经营者的承诺被接受，而另一个经营者被拒绝，这进一步加剧了执法标准的不确定性。因此，和解制度适用的过程中必须严格遵守执法标准，避免执法机关利益的干扰，从而保证和解制度的公正性和透明度。

（2）执法机关与涉嫌垄断经营者之间的利益平衡

和解制度实质上是双方当事人在权利和义务平等的基础上达成的合同，而订立合同的前提之一是当事人平等。但是，在我国的行政执法实践中，很难达到双方当事人有自由协商意愿的局面。即使确实进行了谈判，执法机构也居于优势地位，可以利用和解制度来为自己谋利。此外，立法机关给予法律所涉各方不平等的地位。因此，在这些情况下达成的和解协议往往反映了当事人之间的不平衡，和解的内容往往对执法机构来说更方便，而不是对经营者更有利。换句话说，这是一个选择较少的情况。

我国的反垄断执法采用了一元结构。虽然《反垄断法》规定了刑事和民事责任，但其实施仍然由国家市场监督管理总局下设的反垄断局负责执行。相比于过去的“三驾马车”，新的唯一执法机关无疑在执法效率上有很大提升，而且能够继续利用过去执法机关一直拥有的优势地位。然而，这种优势地位可能导致执法机关为了追求更高效和更便利的执法，使用和解制度来威胁经营者。具体表现在以下四个方面：第一，执法机关可能直接或间接要求经营者提出中止调查申请，以提高执法效率，尤其是《指南》第5条第2款规定了“沟通权”。第二，由于缺乏具体的审查标准，执法机关可能利用其优势地位拒绝可以达成和解的经营者。第三，执法机关在与经营者协商时可能会利用其优势地位要求经营者承担更苛刻的条件。第四，在和解协议达成后的监督中，执法机关可能利用自身拥有的解释权对经营者施加威胁，因为和解协议中可能存在一些非常主观的条款。这四个方面都是由于经营者处于劣势地位而导致的。然而，执法机关显然不会放弃这种法律赋予的优势地位。理论上，达成和解协议很难做到完全公平。

因此，和解制度具有便利执法机关的特性，但是如果执法机关长期利用自身的优势地位压制经营者，这无疑是自欺欺人，会极大地抑制潜在愿意接受和解的涉嫌垄断经营者的积极性，进而进一步影响和解制度的发挥。在和解制度的运作中，执法机关应从长远利益出发，在体现平等协商的基础上选择这种执法方式。

6 我国反垄断执法和解制度的法律适用范围的完善

6.1 反垄断执法和解制度的法律适用的原则

6.1.1 效率原则

反垄断执法和解制度之所以被世界各国所接受，一个重要原因是这种制度能够通过相对较少的诉讼成本和资源，最大限度地提高执法效率。实现效率中心主义是反垄断执法和解制度的核心价值取向，也是该制度的首要原则。效率原则主要体现在以下两个方面：一方面，采用契约式的和解方式，反映了案件处理的灵活性和程序的简便性。全球经济一体化和互联网技术的发展，使原本难以调查的反垄断案件更加困难，并增加了违法行为的隐蔽性。反垄断执法和解制度突破了传统的执法方式，通过与被调查企业的协商降低执法成本，提高执法效率，并吸收涉嫌垄断的经营者参与案件处理，增加了执法对象的主动性和能动性，同时尊重了经营者的主体地位。另一方面，采用了被调查企业自愿履行和执法机关监督相结合的方式，这种方式比传统的单纯依靠行政命令进行监督的方式更加尊重经营者的意愿，从而提高了效率。与传统的只能通过复议或诉讼方式变更执法决定的方式相比，这种方式在程序上更为灵活，并更好地体现了效率中心主义的理念。

在反垄断执法和解制度的核心价值取向中，学术界对于以公平还是效率作为第一价值取向存在一定争议。[①]学术界有三种基本理论，早期理论一般认为反垄断法的整个价值取向应该建立在效率的基础上，而后来的理论则认为效率价值不是唯一的价值，而是核心价值之一。第三种理论则认为，效率价值和其他价值如公平等共同成为反垄断法的主流价值。[②]不过，抛开以上三种观点的不同，如果单纯讨论反垄断执法和解制度的价值取向，那么效率中心主义价值是无可争议的核心价值。该制度能够在全球范围内被广泛接受和采用的主要原因，就在于其能够在使用相对较少的诉讼成本和资源的情况下最大化地提高执法效率。在执法和解领域，只有坚持效率的第一价值取向，才能使其他价值如公平、利益均衡等得以实现。因此，在适用反垄断执法和解制度时，应该在坚持效率中心主义价值取向的前提下，权衡效率与公平之间的关系，通过对执法资源和社会资源进行优化配置，减少执法资源的浪费，从而在实现实体公平和程序公平方面寻求平衡点。

6.1.2 意思自治原则

意思自治原则是《中华人民共和国民法典》（以下简称《民法典》）的基本原则之一。它也被称为合同自愿或契约自由原则。该原则指出，在不违反法律和公序良俗的前提下，合同双方享有平等地位和充分的自由意志，可以按照自己的意愿自由地实施合同，任何第三人都不得进行非法干预。该原则的起源是确定合同准据法的一项原则。合同双方当事人有权选择某一国的法律作为他们之间合同的准据法的准则。最初，该原则由16世纪的法学者杜摩林提出。他认为，对于合同，应当

① 王先林．论反垄断法的基本价值［J］．安徽大学学报（哲学社会科学版），2002，26（6）：15-19.

② 唐刚．论反垄断法上的公平与效率价值［D］．成都：西南交通大学，2008.

适用双方当事人都愿意让该合同受到其约束的某种习惯法。如果缔约双方没有自由选择，那么法院才可以推定选择其认为合理的法律。这个主张形成了意思自治原则的理论基础。该原则是“契约自由”原则的实际运用。许多国家的冲突法都采用意思自治原则，但有些国家对该原则的运用进行了一定的限制。此外，一些国际公约也采用了这一原则。

意思自治原则不仅适用于《民法典》，而且适用于反垄断执法和解制度。因此，该制度具有平等性、商谈性、契约性和多元评价性等特点。这就要求参与主体能够独立地表达内在意思，以保证这种执法方式的自愿性、非压迫性，并避免命令性、二元评价的调整方式。只有充分贯彻意思自治原则，才能保证相对人以及其他主体参与执法过程是一个主动参与的过程，并实现反垄断法执法的程序价值。这样才能使执法机关与相对人以及其他主体充分合作，预防非法垄断、保护自由竞争。此外，意思自治原则的有效贯彻，也是多方当事人法律实践的真正落实，这有利于实现反垄断法执法的程序价值。

6.1.3 利益保护平衡原则

反垄断法执法的价值目标，甚至可以说整个反垄断法的价值目标，归纳起来就是保护社会公共利益，因为垄断行为所带来的危害最终由整个社会经济秩序来承担，而整个经济秩序所代表的利益即为公共利益。公共利益通常被认为是社会不特定多数的利益。除此之外，还有一个原因就是反垄断执法和解制度下所达成的和解协议是由代表公共利益的执法机关和被调查企业之间达成的，而这种协议的达成，在特定情况下可能会损害到受到被调查企业垄断行为影响的其他特定的个体经营者，我们称之为特定第三人。多数情况下，特定第三人的利益与社会公共利益是一致的，至少从长远来看，符合公共利益。但在某些极特殊情况下，由于被调查企业的违法行为对象比较集中，因此需要在社会公共利益和特定第三人的利益之间做出平衡。这种平衡并不是认为特定第三人的利益高于社会公共利益，而是指社会公共利益可能是一个长期的、无法量化的利益，而特定第三人的利益则是短期内可以量化、更直接的利益损失。

不同国家在平衡利益原则方面通常采用两种方式：公告制度和审查制度。以美国为例，《特尼法案》要求反托拉斯局在提交同意和解意见的同时，必须提交竞争影响评估意见（Competitive Impact Statement），并公布和解方案和此评估意见，征求公众意见的期限大约为60天。而对于联邦贸易委员会的同意命令，委员会会将必要的信息向公众公示，公示期一般为30天，当然在特殊情况下也可以超过这个期限，同时，同意命令条款的解释也会在《联邦公报》（Federal Register）上刊载。当第三人没有在公示期提出异议时，司法机关或执法机关将依据公共利益标准对和解协议进行审查。如果发现和解协议侵害社会公共利益，则不予通过，否则依据和解契约制作同意判决。根据《关于和解程序的行为的通告》规定，联邦贸易委员会在可以利用相同资源处理更多案件的情况下，通过程序有效制止和处罚的措施增加了社会公共利益。

当然，这样的平衡主要基于立法机关和执法机关对于公共利益的认识。例如，在微软和解案中，司法部官员对于公共利益的理解引起了社会公众的广泛质疑。[①]公共利益是什么？实际上，这个概念的定义比较复杂，各国立法中都对此进行了规定，常见的方式是列举式和概括式。然而，随着经济社会的高速发展，这个概念的内涵不断演变，每个案件所体现出的公共利益也是有差异的。因此，实行开放机制、倾听不同利益代表的声音并平衡各种利益，是完善公共利益保护的有效途径之一。[②]

6.2 反垄断执法和解制度适用范围模式的选择

在执法和解制度的适用范围方面，虽然相比其他反垄断执法手段优势明显，但这并不意味着它没有缺点，更不意味着它适用于所有不正当行为。在世界主要国家的立法情况中，一些国家的立法文本中没有明确规定执法和解制度的适用范围，实际上它也并不是毫无限制，而是有一定的适用范围，执法机关可以自行选择，或者通过使用条件的限制来确

① STATON G. Microsoft and the Tunney Act: all is not constitutional on the western front [J]. Thurgood Marshall Law Review, 2011, 128 (11-12): 389-394.

② 刁小娟. 试析反垄断法中公共利益的界定［J］. 法制与经济，2012（4）：52-53.

定适用范围。当然，这里需要考虑到一些立法比较晚、立法水平不够完善的国家，这些国家并不包括在内。在实践中，虽然执法和解的目标是通过降低执法成本来提高执法效率，但是对于涉嫌垄断经营者的"宽容"也是一个副作用。考虑到这种副作用，因此一般情况下，并不是所有涉嫌垄断行为都能够适用执法和解制度，特别是对那些严重的卡特尔行为，温和的和解制度是不适用的。具体而言，主要有两种立法模式：宽松模式和严格模式。

6.2.1 宽松模式

考虑到反垄断行为的复杂性和立法的前瞻性，大多数国家采取了宽松的立法模式。

在美国的反垄断执法中，司法部反托拉斯局和联邦贸易委员会两个执法机关在执法范围的选择上并没有明确的界定。这是因为美国作为最早启动反托拉斯法的国家之一，其立法中往往没有太多可以借鉴的经验。早期大量的和解案件是基于反垄断执法的实践而产生的，虽然后期立法中予以确认，但在适用范围上仍然没有明确规定。因此，两个机构都是在实践中逐渐形成了自己的适用标准。①

在美国的反垄断执法中，司法部主要采用民事诉讼和刑事诉讼两种手段。然而，司法部通常只会在针对严重的卡特尔案件时才会采用刑事诉讼，这些案件包括：①旨在限制竞争和贸易的恶意行为；②掠夺性定价；③其他严重违法行为，如已被定性为违法的行为或经营者有故意犯罪的行为；④已经被判定为违法的行为，而经营者故意为之。②另一方面，联邦贸易委员会则采用民事诉讼和行政诉讼两种执法手段，但只对民事案件具有管辖权。因此，美国的承诺制度适用于核心卡特尔、联合抵制以及涉及"本身违法"和其他意图明显且危险较大的不当竞争行为。具体而言，联邦贸易委员会不负责核心卡特尔的执法，同意命令的适用范围没有限制。司法部在民事诉讼中可以适

---

① FURSE M.The decision to commit：some pointers from the US［J］. European Competition Law Review，2004（8）：5-10.

② AREEDA P，KAPLOW L，EDLIN A S.Antitrust analysis：problems，text，and cases［M］. 7th ed.Maryland：Aspen Publishers，2013.

用同意命令，但在刑事诉讼中不行。但是，如果联邦贸易委员会已经启动了正式的控诉程序，则不能再适用和解程序。对于司法部而言，在法院作出最终生效判决前，都可以启动反垄断民事诉讼案件的和解程序。

在欧盟，根据《第1/2003号条例》，其对和解的适用范围规定得并不明确。根据该条例第9条规定，当委员会决定终结企业的违法行为时，企业可以向委员会作出和解承诺。因此，委员会可以根据自己的决定范围用和解承诺替代终止违法行为的决定。另外，《04/217布鲁塞尔备忘录》于2004年9月发布，再次确认了第9条的观点，即"承诺程序的适用范围是灵活的"。虽然在《第1/2003号条例》的序言陈述条款的第13条中明确指出，"终止违法行为的决定的范围包括所有的垄断协议和滥用市场支配地位行为，但是罚款处理的案件不适用"，但是在该条例第23条中规定，对所有违反欧盟条约第81条和第82条的排除和限制竞争行为，委员会都可以作出罚款决定。因此，尽管立法表明了委员会有很大的自由裁量权，可以根据违法性的明显程度来决定采用哪种执法方式，但是对于明显违法的垄断行为，只能"通过处以罚款的方式对违法行为施以威慑和公开谴责"。[①]但哪些是严重违法或者是明显违法呢？在实践中，欧盟委员会认为掠夺性定价、共谋行为以及旨在固定价格或划分市场等行为本身就是违法的。对于某些行为，尽管它们具有限制竞争的效果，但如果企业承诺修正其行为的某些方面或终止某些行为，这些行为就可以合法化，例如水平协议或垂直协议。[②]在实践中，许多涉及水平协议的案件都采用了合计方式结案，而针对滥用市场支配地位的垂直案件也可以采用和解程序。然而，一些案件非常复杂，例如在REPSOL案中，委员会很难认定当事人之间的协议违反了欧盟条约第81条，因此和解程序也被用于解决这些案件。虽然欧盟条约规定了哪些行为可以被视为违法，但是对于具体行为是否构成严重违法或明显违法，在实践中欧盟委员会拥有相当的自由裁量权。

---

① WILS W P J. Settlements of EU antitrust investigations: commitment decisions under Article 9 of Regulation No.1/2003 [J]. World Competition, 2006 (3): 29.

② PERA A, CARPAGNANO M. The law and practice of commitment cecisions: a comparative analysis [J]. E.C.L.R, 2008, 29 (12): 669-685.

在立法层面上，欧盟主要成员国与欧盟委员会的思路基本一致。例如在德国，根据德国的《反限制竞争法》第32条，执法机关有很大的自由裁量权，只有在处理复杂案件时才启动相应的程序。①在法国，竞争委员会只在排除共谋性的卡特尔和严重的滥用市场支配地位的情形下，才会适用和解程序。②在英国，如果执法机关已经下发了命令，针对已经完成的合并或将要进行的合并调查，执法机关将不再接受和解承诺。

可以看出，以上国家采用的宽松模式本质上赋予了执法机关很大的自由裁量权，或在启动和解案件方面设置了一定的限制，或利用执法机关自身的执法经验和法律传统。

6.2.2 严格模式

反垄断执法的严格模式意味着适用范围和启动条件非常严格，这是由于母法的反垄断法本身对于垄断行为和垄断状态的规定都是比较严格的。这种模式被采用的国家很少，其中采用的典型国家是日本。这种模式的采用较少，是因为在不断变化和演进的经济环境中，较为严格的立法对于排除和限制竞争行为常常显得无力应对。③

根据1953年修订的《禁止垄断法》，日本设有两种和解制度：劝告审决和同意审决。根据该法第48条规定："公正交易委员会可以对违法行为者提出适当措施的建议。如果被劝告者接受了该建议，那么公正交易委员会可以不通过审判程序直接作出与建议内容相同的判决。"2005年前，日本反垄断执法机构公正交易委员会通常在确认违法行为后，会给被调查企业两个和解的机会。首先，公正交易委员会可以向涉嫌违法的企业发出劝告。如果企业接受了该劝告，那么委员会可以作出劝告审决。与正式判决相比，劝告审决在违法事实和法律适用方面有很大的不同。它不是定性的，而只是简单记录，其性质类似于美国联邦贸易委员会的同意命令。因此，劝告审决本身既不能被用作经营者承认其行为违

① 冀梦娇．中国反垄断法中承诺制度的起源与发展——基于德国和欧盟经验的思考［J］．中德法学论坛，2016（1）：18．

② 陈思．行政承诺制度研究［D］．武汉：中南民族大学，2011．

③ 稗贯俊文，张广杰．日本反垄断法的修订及其最新发展［J］．华东政法大学学报，2016（4）：160-172．

法的承诺，也不能被用作在日后其他诉讼中认定经营者行为违法的证据。其次，根据程序规定，委员会将在违法行为消失后的一年内接受劝告。如果企业不接受劝告，则根据第53条第4款的规定，“公正交易委员会在作出审判开始决定以后，如果被审查人承认审判开始决定书中所载的事实和法律适用，就可以以书面形式申请同意审决，无须进行后续审判程序。”①

劝告审决和同意审决都是简易程序，不需要出示证据来证明违法事实的存在，也不需要确定违法事实的性质。因此，这两种和解方式深受企业欢迎。然而，在2005年，日本通过新修订的《禁止垄断法》完全废止了劝告审决，而是采用了直接向企业下达停止行为的行政命令进行替代。如果经营者认为该行政命令不公平，他们就可以要求执法机关对该命令进行行政审判程序。2013年，日本再次修改了《禁止垄断法》，其中的核心内容是全面废除了行政审判程序。委员会提起行政审判程序后，仍然对自己的调查和命令进行审查。由于信息不对称，法院在其中的作用非常有限，所以可能会损害审判制度的公正性。行政审判程序的废除意味着同意审决制度也被取消。根据新修订的《禁止垄断法》的规定，如果确认存在垄断状态，公正交易委员会将不再进行行政审判，而是直接下达“竞争恢复令”。②

6.3 反垄断执法和解制度适用之域外选择

如前所述，反垄断法的价值取向是以效率为中心的价值取向。在全球经济一体化的背景下，各国经济组织之间的联系不断加强，同时现代信息技术手段也使得证据的获取更加便捷，这导致反垄断案件的数量不断攀升。因此，必须对不同类型的案件进行优先处理，并根据情况采用相应的调查程序，而不是仅仅采用相对容易的和解程序。换言之，必须严格规定执法和解案件的适用范围。通常来说，由于垄断行为本身对经济和社会的危害较大，并且其受害范围比较广泛，所以对于严重违反反

---

① 村上政博．日本禁止垄断法［M］．姜姗，译.北京：法律出版社，2008：67-68.
② 黄伟平．日本不公正交易行为反垄断规制研究［D］．长沙：湖南大学，2015.

垄断法的情况，必然会采用正式调查的强制执行手段进行制裁和威慑。[①]但是对于一般轻微案件，如果涉案企业愿意，就可以启动执法和解程序，以提高执法效率。

6.3.1 排除具有严重影响的垄断行为

美国的执法机关包括行政和司法两个机关，即联邦贸易委员会和司法部反托拉斯司。根据美国的《反托拉斯程序与处罚法》及其修正案，并没有明确界定执法和解的适用范围，但是，从实践中的做法可以推断出来。一方面，联邦贸易委员会可以根据相关规定，在开始正式调查程序之前启动执法和解程序。但一旦正式调查程序已经启动，则不能使用同意命令程序。然而，能够开展正式控诉的案件一般都属于有明确证据证明的严重违法案件，通常是严重的硬核卡特尔案件。因此，联邦贸易委员会的同意命令不适用于严重影响的垄断行为案件。另一方面，司法部反托拉斯司对反垄断案件的执法方式包括民事诉讼和刑事诉讼。但是，只有针对具有严重影响的垄断行为案件才会提起刑事诉讼。[②]在刑事诉讼中，司法部不能提出和解建议，只能在民事案件中提出。更为重要的是，司法部的同意判决程序需要由法院对其依据公共利益进行司法审查。需要进一步说明的是，美国司法部在历史上曾建议将同意判决程序作为刑事诉讼中止的启动条件之一。也就是说，如果在民事诉讼中达成和解协议，就不必再采取刑事诉讼。然而这种做法的危害显而易见。刑事诉讼在启动、证据、程序和执行等方面都是最为严厉的法律手段。被调查的企业一定会尽力避免刑事诉讼，因此司法部利用这一威胁可以最大程度地要求被调查企业达成和解协议。这种做法的危害至少有两个方面：一方面，会减损刑事法律作为国家经济生活中最严厉法律的权威性，使其成为司法部交易的筹码；另一方面，会违背被调查经营者的意愿，使其达成和解协议不是自愿的，而是出于担心刑事处罚。为此，司法部解释道，刑事诉讼和民事诉讼都是司法部反垄断实施的手段，刑事

---

① WILS W P J. The use of settlements in public antitrust enforcement: objectives and principles [J]. Social Science Electronic Publishing, 2008, 31 (3): 335-352.

② 霍温坎普 H. 联邦反托拉斯政策：竞争法律及其实践［M］. 许光，江山，王晨，译. 北京：法律出版社，2009：649.

诉讼属于强制措施。在使用这两种手段时，司法部遵循的原则是，同意判决的启动必须基于双方自愿，这意味着司法部不会将和解程序的启动作为中止刑事诉讼的诱饵。也就是说，司法部不会在刑事撤诉的基础上开始民事和解协议的协商，相应地也不会在和解协议协商过程中重新利用启动刑事诉讼相威胁。因此，同意判决的执法和解不适用于刑事诉讼。

在欧盟法中，有关执法和解的基本规定集中在《第1/2003号条例》的第9条中。然而，该条例并没有明确规定执法和解适用的范围，只是对承诺的定义和撤回承诺的条件进行了说明。在该条例的序言第13条中规定，如果委员会已经打算对被调查企业予以罚款，那么承诺决定就不适用。此外，在2004年通过的《04/217布鲁塞尔备忘录》中也明确规定，接受经营者承诺而结案的方式不能适用于核心卡特尔案件。虽然没有其他法条明确规定，并且很难建立适用于所有案件的一般规则，但是通过上述表述可以推断出欧盟委员会的态度。根据《第1/2003号条例》第7条的规定，委员会认为查明违法处理才是最佳方法。因此，在解决对市场造成严重危害的核心卡特尔案件中，例如固定价格、市场分割以及其他共谋和排他性行为，和解机制是不适用的。相反，承诺决定似乎适用于限制竞争的效果虽然有限，但如果企业承诺不从事某些方面的行为或消除其影响，并使该行为合法化，例如水平或垂直协议行为，即使可能会限制竞争或产生排斥效应的单方行为，也能够提高执法效率。从程序角度来看，如果垄断行为已经进入尾声且其产生的危害结果已经具有不可逆性，那么委员会在此时接受被调查企业的承诺或主动发起和解程序将是不恰当的。[①]

在德国的《反限制竞争法》中，执法机关适用和解程序的范围被限定于复杂案件。那么，什么是复杂案件呢？根据该法第32b条的规定，涉及结构性或行为性破坏的反垄断行为被视为复杂案件。在这方面，德国的立法基本上遵循了欧盟的规定。[②]该法的内容特别强调了接受和解案件应遵循比例原则。

---

① PERA A, CARPAGNANO M. The law and practice of commitment decisions: a comparative analysis［J］. European Competition Law Review, 2008, 29 (12): 669-672.

② 刘宁元. 比较法视野下中国反垄断法运行机制研究［M］. 北京：法律出版社，2015.

英国的《1998年竞争法》(Competition Act 1998) 在2004年经过第1261号条款的修订，增加了和解制度的内容。在原法基础上增加了第31A至第31D四个规定，其中第31D规定了执法机关接受和解承诺的情况和指南（竞争法指南）。当时的执法机关是公平贸易办公室（Office of Fair Trading，OFT），但是在2013年颁布的《企业与规则改革法2013》中，执法机关被更改为市场与竞争管理局（Competition and Markets Authority，CMA）。指南的规定相对概括，主要内容包括两个方面。首先，执法机关对于何种类型的案件可以进行执法和解具有完全自由裁量权。其次，在秘密卡特尔案件中，不进行调查可能会损害执法机关的威慑力，因此必须尽力完成调查。

法国的和解制度主要体现在《竞争承诺公告》第9至第12条。然而，该公告并未规定适用和解的案件范围。根据司法实践，执法机关通常不会在需要罚款且严重损害社会公共利益的案件中适用和解制度，例如合谋卡特尔和其他严重损害经济的情况。这是因为执法机关认为这样会削弱执法的威慑力。现有司法实践表明，适用和解的案件主要是针对比较简单的单边垄断案件和垂直限制市场进入的案件。此外，这些案件必须在正式调查开始之前启动。

根据澳大利亚《可执行的承诺适用指南》，和解程序适用的条件是，当澳大利亚竞争与消费者委员会（ACCC）认为违法行为已经发生，并且被调查方能够实施一项可以得到最好行政解决的承诺时，该承诺才会根据第87条B款的内容被接受。此外，ACCC还会考虑其他因素，例如违法行为对第三人和公众的影响、公司过去的行为记录、公司的诚信状况以及解决问题所需的成本和收益。

综合以上国家的执法实践来看，虽然很多国家没有明确界定和解程序的适用范围，但这是可以理解的。因为范围界定越明确，指南失效的速度就越快，这会有损法律的稳定性和可预期性，也可能削弱执法机关的权威性。但是，从各国的文义解释和实践情况来看，执法和解制度只能针对非严重涉嫌垄断行为进行规制，这是因为考虑到其效率中心价值取向。那些对社会经济生活产生严重影响的案件，必须采用正式调查的强制措施。

6.3.2 排除执法成本较高的案件

反垄断执法和解制度之所以被广泛采用，主要是因为它能够在较低成本下提高执法效率。然而，成本是执法机关在应用该制度时必须考虑的关键问题。从制度本身来看，成本主要来自于和解协议双方，即企业需要考虑接受和解协议对其自身的经济成本。这一点前文已经提到。对于执法机关而言，成本主要包括两个方面：一方面是执行成本，另一方面是协议达成后的监督成本。①如果这两个成本相较于正式调查而言都比较低，那么这类案件就可以适用和解制度，反之亦然。

在欧盟法中，《第1/2003号条例》主要针对欧盟条约的第81条和第82条。对于第81条，即经营者合谋性地限制竞争协议，从成本角度考虑，委员会接受和解的可能性并不大，因为这类案件往往缺乏证据支持，导致耗费时间成本较高。但对于某些特殊案件，如专利共谋案件，则相对适合采用和解制度。而对于第82条，即滥用市场支配地位，委员会与当事人达成和解协议的可能性较大。在各国实践中，针对滥用市场支配地位的案件是最适合采用和解制度的类型。此外，在价格压榨方面，价格控制相对较容易实现，各类支配地位的企业通常都受上级主管机关或其他行业监管部门的监管。因此，和解协议的后期监督完全可以交由这些机构来完成。如果在协议达成后，不需要执法机关进行监管，那么这种情况就可以被视为令人满意的结果。

在澳大利亚，竞争和消费者委员会更倾向于与被调查经营者达成结构性救济形式的和解协议。相比于经营者作出的行为性和解，如价格、服务、质量和产量等方面的承诺，结构性救济更容易被监管和执行。这是因为行为性和解往往存在期限，而且需要执法机关进行持续性的监管。相比之下，结构性救济通常是针对经营者的结构性改革，比如改变公司治理结构、减少市场垄断、推动市场竞争等方面的改革，这些改革对于促进市场竞争和消费者福利的长期改善具有积极意义。因此，监管机构更愿意采用这种形式的和解协议。

---

① FURSE M.The decision to commit：some pointers from the US［J］. European Competition Law Review，2004，25（1）：7.

6.3.3 排除多个企业垄断行为案件

经过对各国立法实践的梳理，发现一旦执法机关与被调查企业达成和解协议，往往不评价其行为性质，避免承认其违法性。然而，对于多个企业协同作恶的案件，这种做法显得相当棘手，因为如果其中一个企业未作出承诺并在其他程序中被判定为违法行为，就会与其他接受承诺的协同企业所作行为的性质产生矛盾。更重要的是，受害人将面临难以决定向哪个协同企业发起私人诉讼，以寻求损害赔偿的困境。一些国家在协同案件中，如果不能所有人都愿意和解的话，则不启动和解程序。[①]其他国家则采用分步骤的方式，先对承诺的经营者进行和解，然后对其余被初步评估为违法的企业做出后续处理决定。[②]

6.3.4 适用高科技和新型案件

针对涉嫌垄断的高科技企业案件，时间成本的控制要求极高。这类企业和案件的共同点在于，它们的行为和所处的领域变化过快。在调查刚刚开始时，客观环境可能已经发生了特别大的变化。这也说明，这种类型的案件很难有统一的救济措施，也就是说，法律很难提供有效的救济形式。越早启动和解程序，则更有可能消除垄断的影响。对于这种新型案件，法律本身并没有先例可以遵循。如果像诉讼程序那样对案件展开调查，那么由于执法机关自身的专业性不足，执法成本会很高。反垄断执法的目标是消除垄断行为对市场竞争的不利影响。执法机关的行为会向其他市场主体释放出一个明确的信号，即此类行为具有很大的危险性。如果不能及时释放这样的信号，法律实施的引导功能就很难实现，不利于反垄断法实现其价值目标。当然，也有学者认为，由于达成和解会对行为自身的违法性采取沉默态度，这样会释放错误信号。但是，执法和解程序的启动本身就意味着反垄断执法机关认为该行为的特殊性值得关注。尽管没有明确确认其行为性质，这种关注足以让其他经营者明

---

① GRAJEK M，RÖLLER L H.Regulation and investment in network industries：evidence from European Telecoms［J］. Journal of Law & Economics，2012，55（1）：189-216.

② WILS W P J.Settlements of EU antitrust investigations：commitment decisions under article 9 of Regulation No.1/2003［J］. World Competition，2006（3）：29.

白执法机关的态度。因此，执法和解制度在高科技领域和新型案件中都是适用的。

6.4 我国反垄断执法和解制度受案范围的完善

根据前文分析，《反垄断法》中可接受和解的案件范围没有限制，只涉及"涉嫌垄断行为"。国家市场监督管理总局和国家发改委的《程序规定》并未涉及适用范围。然而，《指南》对于案件的适用范围作了除外规定，价格卡特尔、数量卡特尔和市场分割这3种横向垄断行为不适用于和解。对于其他案件，只要经营者提出承诺，执法机关即可决定是否适用中止调查的决定。

根据我国《反垄断法》第3条的规定，垄断行为分为3种：经营者达成垄断协议、滥用市场支配地位，以及具有或可能具有排除、限制竞争效果的经营者集中。一般学理上也将这3种行为称为经济型垄断。此外，第10条规定了另外一种类型的垄断，即行政机关和"有管理公共事务的组织"的行政性垄断。除了排除价格卡特尔、数量卡特尔和划分市场这3种横向卡特尔之外，其余的4类垄断行为均可以适用执法和解制度。这种按行为类型排除的做法适用范围非常广泛，给了执法机关很大的自由裁量权。因此针对不同的案件细节，执法机关的态度决定了适用范围的灵活性。为了进一步完善执法和解制度，我们可以从以下几个方面进行改进。

6.4.1 行政垄断行为纳入反垄断执法和解制度的受案范围

经分析发现，除了传统的3大垄断行为外，我国还存在一种特殊的垄断行为，即行政垄断。这种垄断行为在我国的市场规制中地位比较特殊，虽然在许多国家中也存在。[①]然而，从文本解释的角度来看，《反垄断法》和《指南》对于行政垄断的适用执法和解制度存在矛盾。一方面，规定中都强调执法和解制度适用于所有的垄断行为（除了3类横向

① 《经济法学》编写组. 经济法学［M］. 北京：高等教育出版社，2016：313.

卡特尔协议外)，因此行政垄断应当适用该制度。另一方面，《反垄断法》中只明确了经济型垄断行为的定义，并未包括行政垄断，因此从制度名称以及整个《指南》中对于执法机关相对人的称呼来看，行政垄断不能适用执法和解制度。

从理论分析的角度来看，如果将行政垄断排除在和解制度之外，考虑到执法和解制度的本质和目标，那么这显然是不适当的。另一方面，执法机关是否符合传统意义上的“经营者”的定义并不重要。执法和解的本质是执法机关与实施了垄断行为的人之间达成的一种和解协议。因此，无论是否是“经营者”实施了垄断行为，都可以作为参与执法和解的对象。同时，考虑到执法和解制度的目标是消除垄断行为对市场竞争的影响，因此是否是由经营行为引起的排除限制竞争的局面不需要过多考虑。因此，从目标和本质的角度来看，行政垄断应当适用和解制度。

进一步分析表明，行政垄断目前在我国是比较普遍的存在，而且规制的难度也较大。各国在立法和实践方面都没有特别有效的经验可供借鉴。行政垄断的规制往往涉及利益，比如一些地方以保护当地经济为名实施的地区封锁。从短期来看，这确实可以为某一地区的经济增长带来很大的利益。但是，此时执法机关的强制执法会造成与行政机关之间的明显对抗，这在面对普通市场主体时可能是正常的，但在面对行政主体时，则可能陷入执法困境。因此，采用相对柔性的执法和解制度处理行政垄断问题，可以避免直接的冲突，可能对恢复竞争秩序有一定的好处。由于无须认定行政主体的行为是否违法，所以其社会效果也比较好。

6.4.2 附条件经营者集中适用反垄断执法和解制度

在审查经营者集中问题时，执法机关如果认为该集中可能导致排除或限制竞争，根据《反垄断法》第36条的规定，就可以决定添加限制条件来减少不利影响。从本质上看，这是一种和解制度。在《指南》发布之前，这一做法通常不会引起争议。这是因为：首先，我国的和解制度源自欧盟的《第1/2003号条例》，但该条例只适用于欧盟条约的第101和第102条，即垄断协议和经营者集中的运行程序。因此，《第1/

2003号条例》不适用于经营者集中问题。欧盟针对经营者集中问题制定了独立的《第139/2004号条例》(即《企业集中控制条例》)。因此，从这个角度来看，我国的经营者承诺制度不应包括经营者集中的审查。其次，根据相关条例的表述，国家市场监督管理总局和国家发改委的《程序规定》中使用的动词是“调查”，例如“中止调查”和“终止调查”。而商务部的《经营者集中审查办法》和2014年发布的《关于经营者集中附加限制性条件的规定》中所用动词均为“审查中止”或“审查终止”。此外，两者启动审查的程序也有很大的区别。在国家发改委和市场监督管理总局的《程序规定》中，经营者集中的当事人应主动向执法机关提出中止调查的申请。根据《反垄断法》和商务部的规定，当经营者集中达到法律规定的阈值时，经营者必须主动向商务部进行申报。商务部在认为集中可能产生排除限制竞争的可能性时，可以给予集中经营者抗辩的机会，并主动提出能够减少限制竞争行为的条件。经过双方协商后，商务部可以作出附加限制条件的集中决定。从上述分析可以看出，前者的和解制度并不需要经营者认可其行为的违法性，只需要提出要履行的义务即可。而后者的审查中，参与集中的经营者首先要认可其行为具有限制竞争的可能性，即行为本身是违法的，然后才能就违法行为提出减少的意见和建议。这与欧盟的情况非常相似，《第1/2003号条例》虽然不对企业行为是否违法进行认定，但企业一旦违背了已生效的决定，即可受到处罚。在欧盟的《第139/2004号条例》中，欧盟委员会依据企业承诺作出的附条件性集中决定则没有这种效力。

然而，《指南》颁布后，特别是执法机关完成了三合一的融合后，过去分散的执法形势将得到改善。考虑到附条件的经营者集中在本质上与和解制度有一定相似性，是否应该将其纳入经营者集中的范围内？毕竟，在第3条规定的适用范围中，并没有将经营者集中排除在外，不适用于执法和解制度的情形也未被明确排除。

6.4.3 现有反垄断执法和解制度适用范围的细化

通常在确定某一制度的适用范围时，采用两种立法模式：正面范围和适用除外。正面范围通常范围较大，适用于执法经验丰富的国家。适用除外则更适合刚引入和解制度的国家，避免执法机关扩大和解制度的适用范围。美国和欧盟采用适用除外的方式限制适用范围，排除核心卡特尔案件。从执法程序的角度考虑，如果已掌握垄断违法行为的确实证据，那么也不能对执法机关未进入调查程序的案件适用和解制度。同时，公开垄断协议以确保公众监督适用范围。

我国的《指南》对于适用范围也做了除外规定，前文已经详细分析过，此处不再赘述。我国在《指南》中对于适用范围的规定再一次是以欧盟立法为蓝本的，不过具体分析仍然存在指代不明的问题，并且理性上也存在一定的问题。

《指南》中的一个问题是排除了3类核心卡特尔，即价格卡特尔、数量卡特尔和市场分割卡特尔。这意味着只要经营者提出了承诺条件，任何其他形式的垄断行为都将进入审核程序。因此，执法和解制度的启动由经营者发起，但这并不意味着一经涉嫌垄断行为经营者提出，就一定会达成和解。然而，由于没有规定制度的启动条件，所以经营者的申请将必然会进入审核程序。因此，在案件范围的基础上增加以下适用条件是否有必要？例如，日本的《禁止垄断法》对垄断状态进行了规定，且在外延和内涵上限制得非常严格。它规定构成垄断状态需要满足以下条件：①规模级别条件，即1年内同种或类似商品或服务的销售额超过1 000亿日元；②障碍条件，包括较高的市场份额，其中一个主体占50%，两个主体占75%，并明显提高市场进入的难度；③价格变动条件，即在一定时间内，价格变动的幅度与正常供需变化所产生的价格变化幅度相比更为明显。由于我国执法机关缺乏经验，所以是否可以在一定程度上规定原则性启动条件来缩小适用案件的范围？执法和解制度固然有很大的优势，但如果适用范围过大且缺乏限定条件，则会扩大反垄断执法机关的自由裁量权。

另一个问题在于，《指南》规定："执法机关对涉嫌垄断行为进行调查核实后，认定构成垄断行为的，应依法作出处理决定，并不再接受经营者提出的承诺。"这句话可以从两个角度理解：一方面是指执法机关在接受经营者的承诺之前必须先进行调查，并且只有在确认经营者没有实施垄断行为的情况下才会接受承诺；另一方面是指执法机关已经在调查中认定经营者实施了违法行为，才能接受经营者的承诺。进一步分析，如果执法机关还没有开始对涉嫌垄断经营者进行调查，那么经营者主动提出承诺的可能性很小。一般的逻辑是，执法机关接受举报或自行发现后，对经营者进行调查，如果有充分证据证明其行为涉嫌垄断，一方面可以接受经营者的承诺，另一方面可以与经营者进行“充分沟通”，从而进入和解程序。对于已经认定为垄断行为是否一定需要进行处理的问题，实际上存在争议。根据《指南》第7条规定，经营者提出的承诺措施可以是行为性、结构性或两者相结合的措施。[①]传统的执法方式主要是罚款，虽然这种方式可以对经营者产生足够的威慑力，从而达到对其未来行为的指导作用，但对于已经造成的市场损害却很难产生更好的效果。与之相比，和解制度中的开放平台、许可专利和剥离等方式在某些领域可能比罚款更为有效。因此，针对涉嫌垄断行为的调查和处理，如果存在有充分证据证明的案件，但通过承诺制度能更好地消除影响，那么可以适用经营者承诺制度。这样做虽然增加了执法机关的自由裁量权，但这种增加的范围本身并不大。从证据掌握的情况上来看，《反垄断法》在调查中也很难让公众对执法机关的掌握情况有充分了解，因此执法机关本就有很大的自由裁量权。

执法和解制度中，案件的适用范围和启动条件是制度本身最关键的一个环节。如果能在灵活性与裁量性上达到一个相对的平衡点，就为制度本身发挥作用创造了非常便利的条件。

① 《指南》第7条第2款规定：“前款所指的行为性措施包括开放网络或者平台等基础设施，许可专利、技术秘密或者其他知识产权，终止排他性协议等；结构性措施包括剥离有形资产、知识产权等无形资产或者相关权益等。”

7 我国反垄断执法和解制度之程序制度的完善

和解制度在确定了可以适用的案件范围后，就进入了制度执行的程序阶段。一般来说，制度执行的程序阶段包含4个阶段，即程序的启动、执法双方的协商、决定的作出和公示、决定的执行和救济。

7.1 反垄断执法和解制度程序启动方面的完善

7.1.1 程序启动的方式

通常情况下，启动执法和解制度有两种方式：执法机关启动和经营者启动。在这种制度下，启动程序通常被视为双方协商之前的必要步骤。如果从缔结合同的角度来看，那么这个过程类似于发起要约。根据各国的立法实践，一些国家对启动程序没有限制，而其他国家则对此做出了规定。

由于执法和解制度的特性，启动程序的条件不宜过分严格。过分严格的条件会导致非正式调查与正式调查相比没有任何意义。各国的规定通常会赋予执法机关充分的自由裁量权，相信执法机关能够在适用范围的要求框架内，结合当时的市场竞争情况、本国经济发展水平和竞争政策作出判断。接下来将分析几个国家在使用条件方面的情况。

第一，美国的反垄断立法中对于执行和解在启动条件上并没有明确的硬性规定。美国对同意判决和同意命令程序启动的主体没有限制，可以是执法机关或经营者。联邦贸易委员会在调查后可能向经营者提供和解协议草案，为其主动提供和解机会。一旦经营者签署，协议的法律效力就与正式调查裁决效力相同。司法部的和解程序通常是在其提起的反托拉斯民事诉讼中，由双方自愿达成和解协议，双方地位平等。一旦法院审查通过后，司法部将和解协议作为同意判决公布，作为诉讼程序的终结。在启动和解程序之前，司法部和联邦贸易委员会往往会考虑以下几个条件：首先是成本条件，执法和解效率中心价值取向要求执法机关必须考虑经济成本和人员成本。美国国会每年为这两个执法机关拨款，是它们全部的经济来源。[①]在考虑大量反托拉斯案件时，执法机关必须进行筛选。其次，救济条件也很重要。根据美国司法部《反托拉斯局手册》规定，实现反托拉斯民事案件救济手段要满足3个条件：一是停止侵害；二是杜绝再犯的可能性；三是恢复原状。这些要求的目的在于制止违法行为，并消除其对竞争状态的不利影响。如果执法过程中不能给被调查企业足够的救济措施，那么强行和解只会损害社会公共利益和竞争秩序。最后，和解执法的程序启动条件应满足社会公共利益的需求。反垄断法执法的目标是保护社会公共利益和经济社会发展的竞争秩序，司法部或联邦贸易委员会代表公共利益。因此，必须在其框架内实施和解。否则，在执法机关的自由裁量权未被有效制度约束或界定的情况下，执法机关可能在经营者谈判的过程中滥用自由裁量权，或者会被经营者利用制度提供的优势绑架。在同意判决中，司法部须向法院提交《竞争影响评估报告》（the Competitive Impact Statement），对同意判决可能产生的影响进行评估，并在其内部刊物《联邦公报》（Federal

① 波斯纳 R A. 反托拉斯法［M］. 孙秋宁，译. 2版. 北京：中国政法大学出版社，2003：324.

Register）上进行公示，公示期不少于30天。法院审理的内容标准也是公共利益，只有符合公共利益标准，才会批准。

第二，欧盟竞争法规定发起机关必须遵守明确的限制，即在欧盟委员会经过初步评估后，经营者根据评估报告作出承诺，并经过欧盟委员会审核和与经营者就承诺内容进行协商后，才能接受和解。欧盟的启动方式是由单一的执法机关启动。虽然《第1/2003号条例》没有对和解程序的条件进行制度化规定，但欧盟竞争法实践中的做法是，欧盟委员会只有在启动正式调查程序之后，且需要对被调查企业的违法行为有基本的发现，才能接受其提出的承诺协议。在《04/217布鲁塞尔备忘录》的序言部分，对和解的条件作了如下解释，即欧盟委员会在以下情况下可能会接受企业的承诺并中止调查：首先，被调查经营者的承诺能够消除欧盟委员会在初次评估中对竞争秩序的担忧；其次，对案件不适用罚款；最后，没有发出正式的停止令。通常情况下，欧盟委员会会在发现违法行为后启动正式调查程序，进行初步评估，并向企业发送异议陈述（Statement of Objections），其中欧盟委员会会告知企业调查结论和担忧。企业会获得相对较长的答辩准备期以进行抗辩。如果企业能够根据初次评估和异议陈述向欧盟委员会提供承诺，那么欧盟委员会会考虑中止初步调查。欧盟委员会针对核心卡特尔案件发布了《第622/2008号条例》，并且欧共体针对经营者集中提供了单独的规定，因此这两类案件也不适合使用和解程序。

日本的执法和解程序与我国较为相似。一旦执法机关——公正交易委员会作出开展调查的决定，经营者才可以通过书面形式向委员会申请协商。从理论上看，由谁发起程序并不重要，因为执法和解制度是在平等协商的基础上，实现对双方权益的处理。经营者的合法权益是不容置疑的，而执法机关虽代表公共利益，但只要在和解协议达成后能够向社会公众公示，以便征询公众意见即可。

根据我国《指南》的规定，制度启动的前提是经营者申请，这一点在第5条中有明确规定。该条第1款规定："执法机关鼓励经营者在尽可能早的阶段提出承诺"，"鼓励"一词表明执法机关不能主动提出承诺的条件给经营者，也就是说执法机关不能主动启动程序。该条第2款进一步验证了这一观点，即使在执法机关认为案件适合采用中止程序的情况下，也不能主动提出启动程序。这样的规定明显地没有建立一个公平的平台，与欧盟委员会的做法相比，显然差距较大。欧盟委员会可以将和解协议草案送给经营者进行沟通，而我国的规定则没有给予经营者同等的权利。然而，即便赋予执法机关启动权，一般也不会对和解制度的适用造成随意处理的状况。只要对适用范围和使用条件有明确的界定即可。并且，执法机关主动提出也并不一定会对经营者造成压力。与正式调查的申请程序不同，即便执法机关主动提出后，仍然有协商的余地。因此，笔者建议，在特定情况下，可以增加执法机关启动的权利。对于特定领域的案件，如互联网、新型案件，和解协议中的结构性承诺措施可能比传统的罚款等执法方式更有利于市场竞争秩序的恢复。

7.1.2 程序启动的条件

和解制度的目标是降低执法机关的执法成本和提高执法效率，这无疑为执法机关提供了巨大的便利，并赋予了更大的执法自由裁量权。但是，为了避免执法机关泛化制度的适用和减少制度试错成本，在立法中应该考虑如何防止这种情况的发生。在制定和解程序的启动条件时，应该从两个方面进行考虑。一方面，当经营者在调查开始前提出和解申请时，执法机关应该开展调查，然后再决定是否接受申请；另一方面，当调查进行到一定程度，但执法机关尚未掌握充分证据而经营者提出和解申请时，应该设立一个启动的基本条件供执法机关判断是否适用和解制度。在我国的《指南》中，第4条规定中止调查的申请只能在执法机关开始调查后、作出处罚前这一阶段进行，已经对第一种情况予以了限制。但是对于第二种情况，即调查进行到一定程度时经营者提出中止申请，我国立法尚未进行规定。为了避免执法制度被泛化，可以在执法机关启动调查后，到有充分证据证明垄断行为违法性这段时间内，设置一个启动的基本条件供执法机关判断是否适用和解制度。此外，也可以设置一种监督程序，使公众对执法机关适用和解制度进行监督。在欧盟，实践中的做法是当委员会认为经营者的行为可能涉嫌违法时，会在开始调查程序后向社会公布初步评估报告（Preliminary Assessment），报告中会陈述对经营者行为的担忧（Concern）以及对案件是否适用和解的原因进行说明。委员会还会发出反对意见陈述（Objections Statement）向经营者提出担忧，此时经营者可以向委员会作出承诺，协商达成一份有约束力的承诺决定作为案件的最终处理结果。因此，只有当执法机关认为在职权范围内仍无法调查清楚时，才能接受经营者的和解申请。当然，这种条件只能作为执法机关启动和解程序的条件之一，而不是唯一条件。

为限制执法机关过度适用和解制度，我国《指南》第6条规定："执法机构一般应当对案件是否适合中止侦查、申请人请求的时间和方式等进行初步审查。收到申请后一个月内，将审查结果书面告知申请人。为了进一步确保结算系统的适当使用，可以要求执法机构在审查后必须公开说明他们是否会接受申请人暂停调查的请求。这将允许从进程一开始就进行公众监督。此外，这种做法将阻止执法机构在已经获得足够的非法行为证据后接受申请人暂停调查的请求，因为这种行动将不可避免地导致违法者逍遥法外。

7.2 反垄断执法和解制度执行方面的完善

建立在经营者中止申请基础上的和解制度，比和解协议本身更为重要的是对和解协议的监督和执行，以及在无法履行承诺后重新启动调查程序的方式。

7.2.1 完善规则的统一性与准确性

根据2018年3月中共中央印发的《深化党和国家机构改革方案》（以下简称《方案》），我国反垄断执法方式和机构发生了重大变革。根据该方案，国家发改委的价格监督检查与反垄断执法职责、商务部的经营者集中反垄断执法职责以及国务院反垄断委员会办公室等职责整合，组建了国家市场监督管理总局作为国务院直属机构。这意味着我国10年来的反垄断机构"一大三小"和执法机构"三龙治水"的局面发生了改变，3个机构整合成了反垄断局。因此，在接下来的执法工作中，需要统一和完善过去的规则。针对完善执法和解，需要明确以下几个问题。

1）现有规则适应的统一性

从执法机关改革的情况来看，未来对于和解制度的适用必须有统一的规则，不应因为同一机关在执行不同领域的案件时采用不同的执法依据。根据目前的立法情况，《反垄断法》是适用的基本原则。在《反垄断法》修订以前，该法是最根本的依据。国家市场监督管理总局和国家发改委的《程序规定》目前是否逐渐被《指南》替代还是与《指南》并行存在，尚不得而知。二者均属于国务院的部门规章，效力相同。如果二者内容上有冲突，则根据法理学的一般原理，新法优于旧法，应适用《指南》。就目前两个《程序规定》的内容而言，它们基本上只是对《反垄断法》第53条的简单细化，没有太多实质性的改变。它们与《指南》本身也不存在冲突。因此，笔者认为，未来即使两个《程序规定》不会被废止，它们在实践中也很难发挥具体作用。然而，商务部的《审查办法》中的"限制性条件"规定并未被纳入经营者承诺的范围，立法机关的态度也是如此，因此它可能仍将独立存在。

2）法律概念的精准使用

根据我国法律传统，法律逻辑的推演离不开精准的法律概念的使用。即使在灵活性和自由裁量性较大的和解制度中，对概念的精准把握仍是最基本的要求。如果语义不明确，那么可能会导致本就灵活性很强的制度更加随意。然而，从美国和欧盟的立法实践来看，无论是在法条数量上还是法律规范的体系性上，都远未达到完善的程度。虽然美国作为该制度实践时间最长的国家，基于辩诉交易制度和执法机关积累的经验，能够在制度运作上比较专业，但其制度约束相对较少。欧盟的执法和解实践经验也非常丰富，同时由于其大量成员国的立法基础，委员会对自由裁量权也有很好的把握。相比之下，我国的反垄断法实施时间不到10年，和解制度仍在不断借鉴和学习先进经验中逐渐完善。此外，公法的和解制度在我国法律传统中也是最近才出现的新事物。因此，如果执法机关过分放权而没有精准的概念定义对其约束，就很容易导致制度的适用性问题。例如，《指南》中提到的"消除行为后果"，无论是针对经营者提出的承诺，还是执法机关对提出申请的审核，以及达成和解协议后的事后监督，都需要明确、具体的对"消除行为后果"的判断。

这直接关系到和解制度能否在未来给予经营者一个明确的信号，即能否实现预期的降低执法成本和提高执法效率的目标。此外，《反垄断法》第53条第3款第2项规定的“作出中止调查决定所依据的事实发生重大变化的”，“重大变化”需要更详细的解释，而不仅是简单引用于《指南》。

3）对于制度定位的确定

根据各国立法实践，明确执法和解制度在整个反垄断执法，甚至在行政执法中的地位至关重要。要实现这一点，需要注意以下几点：首先，应当明确《指南》中经营者承诺制度和《反垄断法》第36条中规定的附条件集中情况之间的关系。尽管《指南》仅针对《反垄断法》第53条的规定确定和解范围，但第53条本身并未明确经营者附条件集中情况是否属于经营者承诺。因此，明确这两者之间的关系可以在下一步审查工作中明确是否可以遵循基本的操作程序等。其次，需要明确经营者承诺制度的性质，即它是正式调查还是非正式调查的一种。从《指南》规定的内容来看，有些不太明确。立法将经营者承诺、中止调查和终止调查明确列为同一种制度，这3个行为本身既属于非正式调查，也属于正式决定范畴。因此，明确制度本身的性质有助于协调其与正式调查之间的关系。最后，在规范层面上，应设立约束条件来限制执法机关的自由裁量权。设立相对标准化的审查制度和判断标准，以便执法机关自由裁量的行使建立在合理的范围内。超越范围的决策应受到限制，以减少由于执法经验不足而造成的制度实施中的随意性。

4）明确恢复调查的程序

首先，《指南》没有进一步细化恢复调查的情况，而只是直接引用了《反垄断法》第53条第3款的内容，规定了3种情况下执法机关可以恢复调查，即经营者未履行承诺、作出中止调查决定所依据的事实发生重大变化和中止调查的决定是基于经营者提供的不完整或不真实的信息。但是否有必要对“重大变化”进行进一步细化的规定呢？当然，立法机关无法穷尽列举何为重大变化，各国立法也没有对此内容进行细化。但笔者认为，对此进行细化是非常有必要的。美国和欧盟的立法基本上最后一次修改都是在10—20年前，而信息技术的发展已经使得社会经济未来3年的变革速度远超过去10年甚至20年的变化速度。这意味着，立法机关需要对于一些模糊的概念，如“重大变化”等进行概念性和原则性的细化，以确保执法机关的执法错误率降低和限制其自由裁量权。其次，关于恢复调查程序的启动。根据《反垄断法》第53条第3款的规定，“执法机关应当恢复调查”。从字面上看，立法者有意将恢复调查视为执法机关可以依职权启动的一种职权。然而，这种将重新启动的权力完全授予执法机关的做法显然欠缺考虑。未来案件的复杂性可能导致重启原因的多样性，而不同的原因也应依赖于不同的恢复调查的方式。此外，单一的启动方式可能会损害经营者和第三方的合法权益。因此，笔者建议学习欧盟的立法经验，将恢复调查的启动分为依职权和依申请启动两种方式。也就是说，当市场主体（包括经营者以外的所有第三方主体）认为有必要时，可以直接向作出中止决定的机关或监管机关申请恢复调查。当然，此类申请最终应由执法机关来判断是否恢复。这样，如果第三人复查请求被执法机构无正当理由确认拒绝的，那么可以依法向法院提起行政诉讼。这为第三方提供了特殊的保护。

7.2.2 完善和解协议的监督执行

经过双方充分协商达成一致后，执法机关将会作出中止正式调查的决定，使和解程序进入执行阶段。在执行阶段，可以从对执法机关变更和解协议以及对经营者履行承诺所需承担义务的监督两个方面来进行完善。

1）执法机关变更和解协议的限制

一旦执法双方确定了和解协议的内容，双方就都有义务严格遵守协议约定的内容。然而，在经营者履行协议的过程中，可能会发生客观情况的变化，导致之前的承诺无法实现消除竞争影响的目标，或者已经实现了市场竞争秩序的恢复，或者发现作出决定所依据的经营者提供的信息是错误或不适宜的等情况，这就需要变更之前的决定，包括修改、中止或者撤销等。一般而言，执法机关有权作出这样的决定，但由于涉及相对人的利益和社会公共利益等因素，因此需要寻求法院的司法审查或者通过立法对其修改的权利进行限制。通常而言，对于执法机关变更和解协议的限制可以从不合法变更的责任以及合法变更的限制和方式两个方面来探讨。

(1) 对于执法机关不合法的变更的责任

从契约角度来看，双方任何一方违背契约的约定都是可能的。理论上讲，执法机关在经营者履行承诺的基础上，也有可能继续开展调查活动，或者未经与经营者协商或同意，擅自变更和解协议的内容，增加或减少经营者需要承担的义务。各国立法方面，由于立法机关和执法机关往往是同一机关，所以在这种自我监督的情况下，对执法机关的擅自变更并没有更多的约束。同时，也没有规定除执法机关以外的任何市场主体因执法机关变更行为所遭受的损失可以获得救济。

如果执法机关擅自变更和解协议的内容，给市场主体造成损害，那么应当如何确定和承担责任呢？可以从执法机关的两个属性来看待这个问题。当执法机关参与经营者的协商过程时，它的身份更像是市场主体“经营者”的身份，也就是平等主体；而当执法机关作出中止调查决定以及监督经营者履行承诺时，它的身份往往是执法机关，也就是不平等主体。因此，当执法机关擅自变更和解协议时，责任的归属和划分也可以从这两个身份属性上进行。

首先，从执法行政机关的角度来看，如果违反法律规定，通常就应该接受行政处罚和行政处分。根据《反垄断法》第66条的规定，如果反垄断执法机关的工作人员滥用职权、玩忽职守、徇私舞弊或泄露执法过程中知悉的商业秘密，构成犯罪的，应当依法追究刑事责任；如果尚未构成犯罪，则应当受到行政处分。这也是该法唯一一条规定执法机关责任的条款。同时，根据《中华人民共和国行政法》和其他相关法律的规定，对于执法机关自身的违法行为，可以由上级机关责令改正；对直接负责的主管人员和其他直接责任人员，应当依法给予处分。

其次，从经营者作为平等主体的角度出发，执法机关未经协商擅自修改和解协议的内容，本质上也是一种违约行为。尽管和解协议一般没有规定执法机关的权利和义务，但执法机关应当遵守制度要求，即不擅自修改对经营者的承诺，并在经营者如约完成和解协议后终止调查。从这个角度来看，执法机关本身也承担合同义务，根据合同原则，当一方违反合同义务时，通常需要承担继续履行、采取补救措施、赔偿损失、交付定金和违约金等违约责任。尽管由于执法机关身份的限制，交付定金责任无法实现，但仍可适用部分责任。

执法机关的继续履行责任，应视为一种行为责任。也就是说，执法机关有义务按照之前和经营者达成的和解协议的约定，继续执行，只要这种执行是有意义的。如果执法机关不当修改和解协议，造成对市场主体声誉的损失，那么其有义务采取补救措施，恢复因其行为所造成的损失。此外，执法机关不当执行和解协议，给经营者和其他市场主体造成损失时，还应当赔偿其损失。这种损失往往归结为信赖利益的损失。当然，损失赔偿应在必要条件下实现，也就是说，经营者必须是在遵守和解协议的条件下，因为信赖执法机关的某一行为而遭受了直接或间接的损失。如果损失并非基于信赖利益而产生，那么很难要求执法机关赔偿。同时，执法机关不够尊重已达成的和解协议时，经营者或其他市场主体会有所感受，这种公权力不被信任很可能导致未来执法中的种种阻碍。因此，无论从眼前还是长远利益考虑，执法机关不遵守和解协议的行为都应该避免。

（2）合法变更和解协议的限制

一般来说，和解协议的变更可以通过协议的更改、撤销和终止3种方式实现。协议的更改是指对协议中的部分内容进行修改，未被修改的部分应继续有效，而修改的部分则应按照新内容执行。这种变更通常不涉及协议内容的性质和范围的变更。根据《指南》第9条第3款的规定，如果修改后的承诺措施在性质或范围上发生了变化，执法机关就可以再次向社会公开征求意见。在这里，“承诺措施”的性质一般按照《指南》第7条行为性和结构性两种措施进行分类。至于“承诺措施”的范围，指南中并没有明确规定。个人认为，解释该范围的空间很大，从《民法典》的角度来看，它可以理解为责任的范围、适用的范围等。从执法和解制度的角度来看，这里所指的范围应当是经营者承诺措施所针对的领域。协议的撤销通常是指由于达成协议所依赖的客观事实发生变化，所以协议的效力被停止，而使其变得无效。撤销同样具有溯及力，一旦和解协议被撤销，就会被视为自始便不存在。我国《指南》中也规定了经营者承诺的撤回。根据第4条第2款的规定，执法机关作出中止调查决定前，经营者可以撤回承诺。如果经营者决定撤回承诺，执法机关就将及时终止对经营者承诺的审查程序，继续对涉嫌垄断行为进行调查，并不再接受经营者提出的承诺。撤销和撤回虽然只有一字之差，但意义差距很大。首先，二者发生的时间不同。承诺的撤回发生在执法机关作出中止决定之前，而撤销发生在中止决定之后。其次，根据《指南》规定，承诺只能由经营者向执法机关申请，因此承诺的撤回发起主体也只能是经营者，不包括执法机关；而撤销实际上是对中止决定的撤销，因此撤销的主体只能是执法机关。此外，撤回通常基于主观意愿而产生，而撤销一般是由于经营者存在过错，所以执法机关不再让其享有制度利益。伴随着撤销和解协议的后续行为，执法机关会停止执行和解协议，转而恢复正常调查。与撤销不同，和解协议的终止并非因为经营者存在过错，而是由于客观情况的变化导致继续履行协议在效果上已经无法实现或者没有必要了。

如果已经达成了和解协议的决定，并且执法机关已经作出了中止调查的决定，那么在合同约定的期限内，除非发生法定事由，任何一方都不得随意地变更和解协议的内容，决定也不能被撤销和终止。如果执法机关双方同意对已经达成的协议进行变更，那么通常也不得变更和解协议，因为和解协议的达成往往涉及第三人和社会公众的利益。在中止决定作出之前，协议的达成已经经过公示，相关人参与，并且需要所有市场主体在合理参与的情况下实现。但是如果考虑到合理性原则，发现当初适用和解协议的客观事实已经发生变化，而继续执行可能会导致公共利益受到损害，那么协议的内容可能需要被修改甚至撤销或终止。在实践中，美国和欧盟采用了两种不同的变更原则。在欧盟，执法机关可以在协议开始执行后变更和解协议的内容。而在美国，由于司法部的同意判决是由法院审批下所达成的和解协议，根据《特尼法案》的规定，只有法院才能够变更该判决。因此，可以看出，和解协议不仅是双方之间的契约，还涉及公众利益和双方利益的平衡。

通常来说，撤回、撤销、变更和终止协议都会对执法双方、第三方和社会公共利益产生影响，甚至可能导致损失。因此，在立法实践中，各国都对变更协议有一定的限制。从各国的立法实践来看，变更协议的情况主要有4种：第一种情况是客观情况发生变化，导致原先的目标已经无法实现或者没有意义。例如，某些技术的更新可能导致原有技术已经被淘汰，此时基于原技术的滥用市场支配地位的行为所产生的影响也会随着原技术的消失而消失。第二种情况是法院的判决导致执法机关的决定与判决不符，这种情况比较罕见。第三种情况是经营者未能完全或充分履行协议。第四种情况是经营者故意提供错误信息、误导性信息等，导致之前作出的决定出现错误。

有些国家会通过列举条件性的限制来阐明变更和解决定的情况。例如，在欧盟，根据《第1/2003号条例》第9条的规定，执法机关可以对和解决定进行变更，包括以下3种情况：客观事实发生重大变化，经营者未遵守其承诺措施，以及经营者所提供的信息不完整、错误或误导。一些学者有不同的解读，认为当客观情况发生变化，以至于经营者原承诺的义务已经没有适用的基础时，他们可以请求委员会终止调查。根据《04/217布鲁塞尔备忘录》序言第3条规定，如果经营者的承诺因客观情况变化而无法执行，企业就可以请求委员会免除其承诺的义务。因此，从这个角度看，此处的解除义务可以理解为请求委员会终止调查。此外，委员会在和解协议中还将情势变更条款加入其中。

一些国家采用了案例或者基于原则的解释来规定相关规则。例如，美国对于联邦贸易委员会同意命令规则的实践中，规定在同意命令生效后，在调查终止之前，任何受协议影响的个人、公司、合伙组织等都可以提出修改建议。同时，当客观情况发生不可预见的变化时，联邦贸易委员会也可以提出修改决定。而针对同意判决，根据《联邦民事程序规则》（Federal Rules of Civil Procedure）的规定，基于动机和正义的考虑，法庭可以解除当事人或其法定代表人的最终判决、裁定或诉讼。这一原则最早是Swift一案确立的，并且，在1968年的联合鞋业案中确立了此项原则。根据最高法院的解释，在这两个案件中，都有充分的证据表明当订立协议时的客观情况已经发生了变化，这将导致原判决中所包含的快速、节约成本的同意判决无法实现，因为变化的出现使得原判决无法达成法律的目的，这会影响并损害法律的实施。随着公共利益理论的发展，特别是在1974年《特尼法案》颁布以后，法院作出同意判决的时候更加倾向于符合公共利益要求的判决。在同意判决的变更申请方面，更多的法院也采用了这一原则。审查标准肯定因申请主体不同而有所不同，但一般而言，执法机关更有动力去申请变更或主动变更一项和解协议。此外，在美国联合鞋业案中确立了一项原则，即当变更协议可以达成既定目标时，不应该终止协议。我国的《指南》直接引用了《反垄断法》第53条第3款，该款内容以欧盟竞争法为蓝本。但欧盟在《第1/2003号条例》中，对经营者提供信息的限定，使用了3个词，即“incomplete”“incorrect”“misleading”，而《反垄断法》第53条中只用了“不完整或者不真实”的表述。笔者认为，立法者应当是将“incorrect”（不正确）和“misleading”（误导性）整合为“不真实”。

（3）和解协议变更的启动方式的限定

根据前文分析，和解协议涉及公共利益，因此不能仅凭意愿变更，而应当基于法定原因和程序变更决定。各国立法一般规定执法机关可以基于特定原因启动变更程序，但具体启动程序的方式往往没有特殊限制。实践中的问题在于，一旦启动调查程序，如何、何时进行变更、撤销或终止。此外，对于新的内容，无论是增加、删减义务，还是修改承诺的时间限制，都需要依赖具体的调查分析得出结论，而不是凭主观判断。如果选择终止和解协议，那么还需要考虑重新恢复调查活动的公示问题。如果因为经营者未履行承诺措施而导致撤销和解协议，那么经营者是否需要承担进一步的违约法律责任？前文提到，执法机关如果违约，那么理论上也需要承担行政处罚和行政处分。那么经营者承担何种责任？是否需要恢复调查或要求经营者继续履行通过变更协议？经营者违约是否必然引起重新调查？这些都是需要进一步探讨和解决的问题。

根据各国的立法实践，我们可以以欧盟微软案为例。在该案中，微软公司因未能遵守2009年关于网页浏览器选择的承诺，在2013年的委员会调查中被罚款5.61亿欧元。然而，委员会并未终止和解协议、恢复对微软违法行为的进一步调查，而是要求微软在缴纳罚款后继续履行和解协议。根据《第1/2003号条例》，欧盟委员会可以自主决定重新启动调查程序，也可以根据相关市场主体的申请启动调查。此外，人们普遍认为，除了委员会自主决定外，其他未能履行承诺协议的经营者也有向委员会提出申请的权利。我国的《指南》中，第16条和第17条明确规定，执法机关发现经营者存在《反垄断法》第53条所规定的情况时，应当恢复调查。这里的“应当”一词明确规定了执法机关有法定的启动重新调查的权利。因此，我们可以看出，重新启动调查的权利在我国立法中是双向的，这对于监督经营者履行承诺是非常必要的。

一般而言，引起重新启动调查程序的原因主要有两种：第一种情况是经营者的主观原因，例如未能按照承诺履行义务、提供错误或不真实的信息等；第二种情况是客观的，不可归结于任何第三人的原因，例如情势变更等。如果是第一种情况，申请重新启动调查程序的人就应包括第三人和代表社会公共利益的人。若向执法机关提出申请并且理由成立，则执法机关应考虑恢复调查程序。同时，若执法机关认为需要变更协议内容，则应尽快依职权展开并充分与经营者协商。但若协议变更不会增加经营者的义务，则无须与其协商，例如情势变更已使履行承诺变得不可能，无法消除垄断行为带来的消极后果等。在第二种情况下，除前述的人士外，经营者本身也可申请终止和解协议，但不会申请重新启动调查程序。我国法律未对此作明确规定，因此建议在《指南》中涉及经营者申请终止和解协议的权利。若因非归结于经营者的原因导致承诺不履行或无法履行，则经营者可向执法机关提出变更中止决定内容的申请；若执法机关不同意变更，则应提供合理的说明理由；若经营者认为理由不成立，则可向法院申请撤销或变更执法机关的决定。对于执法机关因认为经营者提供的信息不真实或未履行承诺措施而作出的撤销中止调查、恢复调查的决定，执法机关也应明确说明调查过程和作出决定的依据，经营者可就此决定提起诉讼。

2）加强被调查经营者履行和解协议的监督

在和解协议进入执行阶段后，协议本身可以视为一种执法和解契约，也可以视为一种行政契约，与其他合同一样，具有法律约束力，达成和解协议的双方应当按照其内容履行。与一般合同不同的是，执法和解协议往往规定了一个期限，因为需要考虑实际消除垄断行为的影响。大多数国家规定期限为1至3年，而我国的《指南》规定一般为6个月以上，3年以下，最长不得超过5年。根据公布的案件情况来看，最长期限为2年零3个月。此外，执法和解协议通常只规定了经营者的义务，执法机关只有监督权利，而没有义务。因此，为了既能保证执法机关能够对其履约进行充分监督，又能实现执法效果，各国都建立了一定的监督机制。这些机制多种多样，既对市场主体履行承诺的情况予以多重约束，又考虑到降低执法机关的监督成本，通常引入第三人监督或要求经营者自行报告。如果执法机关的监督成本过高，就有可能放弃那些监督成本高的案件。我国的《指南》第13条规定，“经营者应当按照中止调查决定书的要求向执法机关书面报告承诺履行情况。执法机关应当对经营者履行承诺的情况进行监督，必要时可以委托独立的第三方专业机构进行监督”。各国有以下4种方式来对和解协议进行监督：

（1）自我监督

根据各国立法的情况，大多数国家并没有对此作出详细规定，只有美国和澳大利亚对此作出了相关规定。通常情况下，法律都会要求经营者具备一定的报告义务，要求其定期或不定期向执法机关汇报其履行协议的情况。在美国，针对同意命令，联邦法规规定，相对人在作出承诺后应按以下方式执行协议：就各国立法而言，大多数国家并没有对此作出详细规定，只有美国和澳大利亚有相关规定。通常情况下，法律都会要求经营者承担一定的报告义务，定期或不定期向执法机关汇报履行协议的情况。在美国，联邦法规针对同意命令规定了相对人在作出承诺后应按以下方式执行协议：第一，收到命令后的60天内，相对人应向联邦贸易委员会提交一份书面报告，阐明执行协议的形式和方式。第二，联邦贸易委员会委派竞争局、消费者保护局等相关机构的执行人员监督报告的执行，并进行关于遵守命令的调查。第三，如果执行人员有正当理由，则可以延长或停止提交调查报告，但这种情况并不停止当事人执行和解协议的义务。第四，联邦贸易委员会的执行人可以向委员会咨询关于执行人拟实施的计划是否与同意命令一致这一事项。根据提交的事实和其他可利用的信息，联邦贸易委员会将告知执行人其计划实施的内容是否与同意命令相一致。针对同意判决的情况也是类似的。由于需要对当事人履行情况进行长期监督，所以司法部的同意判决通常会包含一个自我监督条款（Visitorial Clause）。经营者应认真遵守判决内容并提交有关自我监督的报告，以接受持续监管。美国司法部在其反垄断执法指南中规定了这一点，并予以认可。如果美国司法部未将动态监督作为同意判决的一部分，则在提交同意判决进行司法审查时，法院通常会将接受监督条款写入同意判决中并对其进行监督。相比之下，澳大利亚的竞争法规定要求经营者向执法机构ACCC报告其遵守和解协议的步骤，并在一定周期内（通常为1年）对其承诺的内容进行自我审查。与美国的做法相比，我国的规定要简单得多，对于是否可以延长或停止提交报告等内容没有详细规定。

（2）执法机关监督

对于执法机关而言，要求经营者主动报告当然能够节约执法成本，但过分依赖经营者的报告显然是不可取的，因为经营者主要考虑的是降低成本，一旦执法机关放松监督或不审查其提供的信息，经营者就很可能会在报告中提供错误或不准确的信息，以误导执法机关，达到减少成本或降低法律责任的目的。例如，微软公司在向欧盟委员会提交的报告中，对于自己在操作系统中浏览器的行为没有进行彻底的更改，只是提出了解决方案，在后期却逐渐将其恢复原样，以应对所谓的“技术原因”。为了解决其他垄断问题，微软公司在2009年向欧盟委员会作出承诺，将在已提供给欧洲消费者的视窗操作系统中向用户提供安装其他公司浏览器的选项。根据双方达成的和解协议，微软公司将连续5年向视窗产品用户提供“浏览器选择界面”（Choice Screen），一直到2014年。虽然微软公司最初遵守了和解协议的内容，但在2011年至2012年期间，其向用户提供的系统中并没有提供此种安装选择。欧盟委员会在2013年3月宣布，微软公司在2011年5月至2012年7月期间违背了承诺，最终对其开出了5.61亿欧元（约合7.31亿美元）的罚单。这表明，执法机关对经营者报告的监督是十分必要的，尤其是在某些高科技领域和规定了较长承诺履行时间的和解协议中更应如此。

（3）第三方专业机构（第三人）监督

无论是主动监督还是经营者的自我监督，监督本身的时间成本都不高。相比之下，解决特殊领域专业化的问题则较为复杂。正如前文所述，执法和解制度在高科技领域和新型案件中往往能够发挥很好的作用，但这些领域与传统领域相比，专业性是一个无法回避的鸿沟。例如，在微软公司未遵守和解协议被罚款后，其一直坚称这是由技术原因导致的结果。因此，对于专业的执法人员来说，判断起来难度很大。在这种情况下，专业的第三方机构的监督就显得尤为必要。

在处理一些案件时，欧盟为了进行专业监督，会要求经营者自行委托监督人对其履行承诺的行为进行监督。对于监督人的资质和独立性，欧盟委员会会进行限制，一般会要求监督人与本案不能有直接的利害关系。例如，在2013年对飞利浦、三星、英飞凌科技公司在SIM价格上的串谋操控案中，欧盟接受了三星公司的承诺。该承诺包括在未来的5年内，三星将不会在欧盟经济区内向任何公司就现有和未来关于智能手机和平板电脑的标准专利基础提出禁令，只要这些公司能够接受特定范围内的专利授权许可，就可以使用。该协议的履行期限是1年，如果期限届满后仍然不能达成协议，那么任何一方都可以向法院提起诉讼或者仲裁。该协议由独立受托人向委员会监督其执行情况。欧盟委员会于2013年10月18日正式向外界公布和解协议内容。①而在2006年的De Beers和解案中，欧盟委员会则进一步要求，除了受托人必须有足够的资质和独立的判断之外，还规定了受托人在监督期满的3年内，不得在经营者内部任职。

美国在微软案中采用了专门的监督措施。法院在判决中要求，为了确保判决能够被遵守和实施，美国司法部和微软之间必须成立一个3人小组，由双方各推举1名代表，再由两名代表联合推举第三人。此外，美国法院还要求3人小组每6个月向其汇报微软公司履行和解协议的情况。这种做法既确保了和解协议得到切实执行，又为美国法院提供了及时有效的监督机制。②

---

① EUROPEAN COMMISSION. Communication from the commission published pursuant to article 27（4）of council regulation（EC）No.1/2003 in case AT.39939 — Samsung — enforcement of UMTS standard essential patents［J/OL］.［2013-10-18］. http://eur-lex. europa. eu/legal-content/EN/ALL/? uri=CELEX：52013XC1018（02）.

② BUSH D，FLYNN J J.The misuse and abuse of the Tunney Act in the Microsoft cases：the adverse consequences of the Microsoft fallacies［J］. Loyola University Chicago Law Journal，2003，4（34）：749-814.

（4）经营者违反和解协议的法律责任

和解协议的执行是实现和解执法制度目标的关键环节，也是恢复市场竞争秩序的重要措施。监督和解协议的执行可以通过多种方式，包括执法机关的主动监督、经营者的自我监督和第三人专业监督。此外，还可以采取反向监督，即通过增加不履行和解协议的经营者的违法约定的法律责任力度，促使其主动履行承诺。

我国法律规定了经营者不履行和解协议的处罚措施。根据《指南》第17条，执法机关在监督经营者按照中止调查决定的内容履行承诺时，如果发现由于不能归责于任何人的客观原因导致经营者不能或者已经没有必要履行承诺，经营者就可以基于新的事实向执法机关重新申请中止调查决定。但如果经营者未能履行承诺或者向执法机关提供虚假信息导致作出中止调查决定，则经营者不能再次以同一理由申请中止调查，并且在恢复的正式调查中，经营者要承担依法从重处罚的责任。

相比之下，我国法律责任的规定相对较轻。美国联邦贸易委员会在其《联邦贸易委员会法》第5条第1款中规定，对于其提起的民事诉讼，每一次违反其命令的行为最高可被处以1 000美元以下的罚款；对于违反美国联邦贸易委员会命令的行为，每一天视为每一次违反，美国联邦贸易委员会可以交由美国司法部部长提起诉讼；对于不履行协议的行为，最高可处以每日1 000美元以下的罚款。美国联邦贸易委员会本身并不能执行罚款，而是需要美国司法部部长授权美国地区法院在该类诉讼中，发布强制禁令和罚款。在美国司法部部长同意的判决中，如果经营者违反美国法院发布的判决，就可以处以民事罚款。根据欧盟《第1/2003号条例》第9条、第23条和第24条的规定，对于没有遵守承诺的经营者，无论是出于故意还是过失，美国联邦贸易委员会都可以根据申请或者职权重新启动调查程序，同时还可以对其处以高达上一年度营业额10%以下或者不超过上一年度日平均营业额5%的罚款。欧盟其他主要国家也以欧盟的规定为蓝本，或者规定美国联邦贸易委员会可以重新启动调查程序，或者是对不遵守协议的经营者进行罚款。加大对不遵守和解协议的经营者的处罚，可以更有效地促进执法和解制度的实施，具有积极的意义。

经营者的违法成本应当被考虑。和解协议本质上是涉嫌垄断行为经营者与代表公共利益的公权力机关达成的契约。基于契约的基本要求，双方应当遵守诚实信用准则。如果已经提供了相对优厚条件的经营者不能遵守在其自愿、平等条件下达成的和解协议，那么对于它来说，违反承诺的成本太小。在执法机关启动调查后，经营者已经对结果有了心理预期，仅恢复原有的调查会使其没有遭受更多的不利后果，只是回到了原点，并且还争取到了更多的时间和掌握了更多执法机关调查的相关信息。然而，对于执法机关而言，在重新开启调查程序后，获得进一步的证据的难度就会越来越大，也会因此导致调查成本的增加。因此，对于不能遵守和解协议的经营者，确立有效的违约责任追究机制，可以进一步提高执法效率，降低执法成本。

另一方面，执法机关决策的成本也需要考虑。从各国立法来看，达成和解协议不仅仅是执法双方的私下协议，也是执法机关或者司法机关作出的正式决定或者判决，具有公共效力。经营者不遵守和解协议构成了对私权契约的违约责任，因此对于违反具有法律效力的执法或者司法决定的行为，经营者也应承担相应的法律责任。即使是相对于一般的行政违法行为，只是执法机关恢复调查这一处罚措施也相对较轻，更何况还有合同约束需要考虑。因此，应在立法中明确经营者不遵守和解协议的法律责任，以对涉嫌垄断经营者产生约束力，并对未来潜在的和解经营者产生威慑，保障和解制度的顺利执行。

那么对于法律责任的设置，建议可以从经营者违法约定的程度设立两种责任，即行政责任和刑事责任两种。承担责任的方式可以包括继续履行承诺、商誉罚款、行政罚款和刑事责任。

首先，应该继续执行和解协议。这种行为责任类似于违约责任中的实际履行，也就是当经营者未能履行、未能完全履行或者未能按照协议要求履行时，执法机关可以要求经营者在一定期限内重新履行或恢复履行。当继续履行已经在事实上不可能，或者对恢复市场竞争秩序没有实际意义，以及经营者明确表示不会继续履行协议时，执法机关可以撤销中止调查的决定，或同时追究进一步的法律责任。

其次，商誉罚款。对于商誉的处罚，主要是通过降低企业商业信誉的方式对其进行惩罚。一般来说，如果经营者对在充分协商基础上达成的和解协议仍未履行或未充分履行，则将失去执法机关对其商誉的信任。这种不信任可能会产生两种后果：一是执法机关不再接受经营者再次向其作出的承诺，二是执法机关将不再相信经营者对于日后涉嫌垄断行为的和解申请。另外，经营者不履约的行为也会失去市场其他主体对其的信任。但执法行为是发生在执法双方之间的，因此执法机关可以通过建立企业诚信黑名单对其行为进行处罚，或者将主要负责人的行为列入征信系统中。这样可以对经营者不遵守和解协议的行为产生强烈的威慑作用。我国目前只在《指南》第17条中规定，在执法机关依据《反垄断法》第53条第1款和第3款规定的情形下恢复调查后，不再接受经营者的承诺申请。然而，该规定并未明确是在本次调查中不再接受，还是在未来所有调查中均不再接受。因此，建议一方面应明确执法机关对该经营者未来符合启动执法和解制度的行为是否仍予以接受，另一方面应将企业和企业直接负责人的不诚信行为纳入监管范围，公开曝光，以保障制度的顺利运行。

再次，行政罚款。罚款是各国主要采用的制裁手段之一，用于约束经营者不遵守和解协议的行为。罚款手段威慑力强，对经营者的约束力也大。我国的《反垄断法》第56条至第58条规定了两种罚款方式：定额罚和不定额罚。定额罚是指罚款金额不超过500万元的情况，而不定额罚是指罚款金额在上一年度销售额的1%至10%之间。欧盟的立法中也有两类罚款：制裁性罚款和定期罚款。制裁性罚款是指在一般情况下，罚款金额不超过经营者上一营业年度经营额的10%。而定期罚款则是特别针对不遵守和解协议的情况，罚款金额不超过经营者上一经营年度平均日营业额的5%。制裁性罚款的威慑作用大，而定期罚款的目的是督促经营者尽快履行承诺。这两种罚款方式所产生的法律后果也不同。制裁性罚款施加后，案件即终止，执法机关无须进一步调查；而定期罚款的目的是警告和督促经营者，在提交罚款后案件仍须被继续调查。建议我国引入制裁性罚款和定期罚款两种方式的行政罚款手段。当执法机关决定中止调查后，经营者没有实际履行或履行不充分，但仍然有履行的可能和必要时，可以通过定期罚款督促经营者进一步履行协议。如果已经没有履行必要或者无法履行时，那么执法机关不必恢复调查，而是可以直接对经营者进行制裁性罚款。从我国目前反垄断法规定的法律责任来看，最严重的是处以上一年度销售额的10%以下的罚款，但这是在正常调查后才能作出的。制裁性罚款则无须恢复正式调查即可达到相同的制裁效果，因此可以提高执法效率。

最后，我们来看一下刑事责任。根据各国的立法情况来看，不遵守和解协议的经营者被追究刑事责任的情况比较罕见。正如前文所述，只有日本在其立法中规定，可以对不遵守协议的经营者处以两年以下有期徒刑或者300万日元以下的罚款。我国《反垄断法》中只在第66条和第67条中规定了刑事责任，但这些规定并不是针对垄断行为本身的。第66条是针对执法机关工作人员的刑事责任。由于我国刑法中没有附属刑法，即在民法、经济法、行政法等非刑事法律中规定罪行的规范，所以“构成犯罪的，依法追究刑事责任”的规定不具备真正的罪行规范，无法直接适用于追究刑事责任的范畴，也不构成刑法的渊源。我国更多采用准用性规则，即法律规定虽并未规定具体行为，但可以参照、援引其他法律条文或其他规范性文件的法律规则。我国所谓的附属刑法渊源，应该属于准用性规定。例如，《中华人民共和国招标投标法》第53条规定了串通招投标的法律责任，其中规定了“构成犯罪的，依法追究刑事责任”。而《中华人民共和国刑法》第223条规定了“串通投标罪”，因此构成犯罪的可以依据该条规定追究刑事责任。即便是对于《反垄断法》第66条和第67条规定的刑事责任，如果对应刑法分则中的罪名，也只能勉强对应妨碍公务罪和非法经营罪。因此，在执法和解制度中，我们建议在刑法中规定相关罪名，直接对应垄断行为，可以是口袋型罪名，比如垄断罪。这样可以为恢复市场竞争秩序、提高执法效率以及维护和解制度的顺利运行提供保障。

8 完善我国反垄断执法和解制度中第三人权益的保护

8.1 第三人权益的界定

如何保护第三人即利益相关人的合法权益？一旦明确了这些权益的范围，接下来就需要澄清在一个第三人没有参与但被影响的制度机制中，他们享有哪些权利。在处理案件时，执法机关应充分考虑第三人的权益，但由于执法机关本身难以完全代表第三人的利益，因此澄清其权利可以为第三人提供参与和解程序的路径。

8.1.1 知情权

知情权是保障第三人其他权利的基本权利。在和解制度中，和解协议是执法机关和被调查经营者之间的私下协议，这个协商过程通常不为第三人所知。然而，涉案情况、处理过程、处理方式以及其对竞争的影响等内容，直接或间接影响了第三人的自由竞争权、救济权、自主选择权和公平交易权等权利。因此，各国在立法上都将和解过程的公示作为制度执行本身合理性考虑的因素之一，并提供多种保护第三人知情权的方式。

在美国，司法部同意判决程序要求双方达成和解后的60天内在联邦公报（Federal Register）上公告同意判决的内容。与判决内容相关的评议内容和建议也要进行公示，并且可以通过法院提供给当地公众查阅和复制。公示期满后，美国司法部将向法院送达竞争影响评估报告（Competition Impact Statement），其内容包括程序的性质和目的、案情描述、同意判决内容说明、程序救济说明、执行判决对竞争的影响、受害人的救济措施和对经营者承诺义务的监督说明等。在评估报告审查结束后和同意判决生效前60天内，执法机关要在美国（包括案件受理地区、哥伦比亚特区和法院指定的其他地区）公开发行的报纸上集中刊登7天，内容包括同意判决的内容摘要、竞争影响评估报告的内容摘要、评论材料、文件清单以及公众查阅地点和方式等。在美联邦贸易委员会的同意命令中，一旦经营者接受了美国司法部的和解条件，美国联邦贸易委员会要立即公开案件事实、涉案企业的基本情况、经营者的承诺、第三人救济条件以及其他可能有助于公众理解该命令的信息。这些信息将在联邦公报上公布。

根据欧盟《第1/2003号条例》第27条第4款和第30条规定，欧盟委员会应当在官方杂志上公布根据第9条和第10条接受承诺的案件摘要，包括案由、承诺理由和主要内容等。公布的时间不少于1个月，并且在规定的时间段内，任何利益相关第三人都可以提交他们的意见（Observation）。在公布案件基本信息时，欧盟委员会要注意保护商业秘密。达成承诺和解协议后，欧盟委员会应当公开承诺内容、经营者基本信息，并在网上公布承诺全文。根据《04/217布鲁塞尔备忘录》的解释，这样做的目的是向公众解释接受承诺的原因和内容，以减轻竞争忧虑（Concern）。在经营者集中方面，根据《第139/2004号条例》第18条和第20条的规定，对于附条件的经营者集中行为，欧盟委员会应当公布其意见、附加的义务、经营者的基本信息以及要保护商业秘密的措施。

根据英国公司法规定，公平交易和竞争委员会在接受承诺之前必须公布与承诺建议相关的以下内容：承诺对于消除不正当竞争的作用、经营者承诺的内容、其他机关认为可以接受承诺的理由、获得承诺意见内容的途径以及表达意见的期限。如果对承诺决定进行修改或撤销，那么也需要提前公告相关内容。

根据澳大利亚竞争和消费者委员会（以下简称ACCC）的政策，经营者在达成和解协议之前必须同意执法机关将其承诺内容公开。[①]和解协议的内容可以通过新闻媒体、ACCC的公开出版物或其他任何适当的方式公开，以接受公众审查。同时，ACCC还应该提供一个持续更新的宣传渠道以供公众查阅。当然，涉及商业敏感信息时可以商业秘密获得保护。

8.1.2 意见表达权

参与权可视为知情权的一种派生权利。知情权是指各国执法机构依据职权将其所让渡或处置的公共利益部分公告给社会公众，这也是其履行自身职责的一部分。然而，要进一步保护第三人合法权益，和解制度必须被设计成一个开放性的程序，公众对和解程序的意见表达权是其中一个重要的方面。充分保护该权利具有双重作用：一方面，第三人参与执法程序可以体现执法的民主性，其提供的建议和意见可以帮助执法机构更准确地判断公共利益的保护；另一方面，公众的参与会对执法机构形成必要的监督，可以防止执法机构的内部操纵和腐败。目前，主要国家的立法都通过允许公众在执法机构公布和解决定内容后一段时间内进行评论来保护意见表达权。

在美国联邦贸易委员会的同意命令程序中，公共评论的时间是30天或者其他委员会认为合理的时间。在1974年《反托拉斯程序和处罚法》颁布之前，在美国司法部的同意判决程序中，公众评论只能由利害关系人发表，而且期限只有30天。[②]该法案修改了此项内容，将公众评论的范围扩大到除了利害关系人以外的所有人（包含利害关系人），并

① PAPPALARDO K，SUZOR N.Standardisation and patent ambush：potential liability under Australian competition law [J]. Competition & Consumer Law Journal，2011，18 (3)：267-295.

② GALLO J C，DAU-SCHMIDT K，CRAYCRAFT J L，et al.Department of justice antitrust enforcement，1955-1997：an empirical study [J]. Review of Industrial Organization，2000，17 (1)：75-133.

且将期限扩大到不少于60天。而在欧盟，根据《第1/2003号条例》的第27条第2款和《04/217布鲁塞尔备忘录》的规定，利害关系人可以在不少于1个月的固定期限内，向欧盟委员会表达观察意见。如果第三人认为承诺程序无法实现最初预设实现的法律效果，那么欧盟委员会将考虑重新谈判、放弃接受承诺或恢复正式调查。在De Beers/Alrosa案中，欧盟委员会收到了21份公众意见。其中，大多数意见认为De Beers提出的承诺内容不能恢复市场竞争秩序。基于这些意见，欧盟委员会最终决定采纳，并要求被调查经营者增加承诺的内容。①在澳大利亚，ACCC在经营者达成和解协议之前，都要与其他利益相关者进行协商，听取其意见，或者通过公开的市场调查过程听取意见。当ACCC一旦认为承诺可能无法消除经营隐患时，就会进一步与市场主体进行协商并且可能转为正式调查。从这里可以看出，主要发达国家对于第三人意见表达权的保护方式有所不同。有些是被动等待接受意见，而其他执法机关可能会主动邀请涉及的企业参与或自行进行市场调查，但无论如何，所有这些方式都通过立法规范了第三人意见表达权。

8.1.3 寻求救济权

救济权是指当执法机关与经营者达成和解协议时，或者在案件处理程序中，第三人认为其合法权益受到损害时，可以向有关机关寻求救济的权利。从各国立法实践来看，救济权并非每个国家都在和解程序中予以集中规定。例如，在欧盟，《第1/2003号条例》并未涉及第三人救济问题，因此有学者呼吁欧盟委员会应尽量多考虑第三人可能通过诉讼方式提出救济的可能性。②目前实践中，一些案例中的第三人认为欧盟委员会与经营者之间的承诺协议直接损害了其合法权益，第三人向法院撤销诉讼的情况也已经出现了。欧盟委员会的承诺和解决定与其他决定在本质上没有区别。根据《欧共体条约》第230条，法院有权对欧盟议会和理事会作出的共同决定程序（Co-decision Produce），对欧盟委员会、

① COOK C. Commitment decisions: the law and practice under Article 9 [J]. World Competition, 2006 (29): 209-228.

② MONTI G, VAN LEEUWEN B, ROBERTSON V H., et al. EU law and interest on damages for infringements of competition law: a comparative report [J/OL]. [2016-11-12]. https: //cadmus.eui.eu/bitstream/handle/1814/40464/LAW_2016_11.pdf? sequence=3.

央行作出的行为对第三人产生的法律效果以及其合法性进行司法审查，因此可以针对其提起诉讼。[①]并且，第三人一般不会寻求中止委员会的决定，而是会请求法院采取其他比如临时性的措施中止损害，并在诉讼程序中寻求保护。

有些国家尽管在和解程序中没有规定，但在民事诉讼法、行政诉讼法等上位法中可以寻求救济。比如在美国，联邦最高法院在EI-PASO案件中，确定了第三人无权干预判决决定的原则。但在此之后，不断有第三人通过《联邦民事诉讼程序规则》得以救济。《联邦民事诉讼程序规则》规定，如果一项判决对财产的处分破坏或影响了其他人对财产和权利的行使，那么当事人可以提出请求，除非此项权利主张已经存在。根据此项规定，如果同意判决（Consent Decree）对第三人的权利造成了实质性的损害，并且程序当事人的权利未被充分主张，那么第三人可以请求法院给予权利上的救济。因为同意判决和一般的合同判决（Action）在本质上都是对权利和财产的一种安排，而这种安排理应不影响到第三人的权利。当第三人权利受到影响时，便有权通过独立的诉讼程序来主张。[②]由此也可以看出，第三人寻求救济的机关主要是司法机关。这样做也是合理的，因为毕竟绝大多数的和解决定都是由执法机关作出的，如果通过行政途径去解决，那么效果显然不如司法审查那么明显。

有些国家并没有详细说明这一点。例如，在澳大利亚，为达成《贸易行为法案》第87条B项的目的，其反垄断执法机关ACCC以“合理原则”作为是否接受和解的依据。然而，对于合理原则中所提到的最佳方法（the Best Approach）的定义确实很模糊，这种模糊其实也是制度本身造成的。如前文所述，和解制度本身必须给予执法一定范围的自由裁量权，这是控制成本和提高司法效率所必需的。但这种一定范围的自由裁量权本身就会引发一个悖论，即具有利害关系的第三人能否针对执法机关本身的决定起诉，而不是针对侵权行为人的行为起诉。

---

① 赵西巨．欧盟法中的司法审查制度：对《欧共体条约》第230条的释读——以欧洲法院的判决为视角［J］．北大法律评论，2005（1）：593-615.

② KRAMER L.Consent decrees and the rights of third parties［J］．Michigan Law Review，1988，87（2）：321-364.

综合来看，一些发达国家对于第三人寻求救济权的立法思路并不相同：有些国家允许第三人针对执法机关的和解行为决定本身进行起诉；有些国家则认为除了提起民事诉讼以外，不能通过其他方式进行救济。但是，他们对于第三人所享有的寻求救济权都是认可的。

8.2 我国反垄断执法和解制度中第三人权益保护的现状

8.2.1 法律现状

我国的反垄断法承诺制度源于2008年颁布的《反垄断法》。通观整部法律，《反垄断法》第53条是我国承诺制度的真正出处，也是整个制度的唯一出处。该条规定："被调查的经营者承诺在反垄断执法机构认可的期限内采取具体措施消除该行为后果的，反垄断执法机构可以决定中止调查。"该规定体现了反垄断执法机构实施反垄断法承诺的决定权，但对作出决定是否需要考虑第三人权益受损并未体现。执法机构拥有这样不受规制的独断权力，往往会导致其滥用职权。经营者只需付出微小代价就能全身而退，广大消费者的合法权益和自身利益自始至终没有出现在《反垄断法》承诺的范围之内。这样的漏洞也就决定了紧接上述规定之后的"中止调查的决定应当载明被调查的经营者承诺的具体内容"，也仅仅是形式大于实质。载明的承诺内容不被第三人获悉，第三人没有知情权，最需要执法机构保护的利益受损的第三人，始终是"门外汉"。"反垄断执法机构决定中止调查的，应当对经营者履行承诺的情况进行监督"。承诺适用的决定由执法机构作出，执法机构对此承诺的履行进行监督是职责所在，但缺乏第三人监督却是最根本的缺陷。法律应赋予权益受损第三人监督权，利益相关的外部主体进行监督才能真正发挥监督的纠偏作用。反观《反垄断法》第60条："经营者实施垄断行为，给他人造成损失的，依法承担民事责任"，几乎发挥了纲领性作用。回看第53条的规定，其重点主要是经营者对执法机构的承诺，并未提及利益受损的第三人在承诺的制定和执行中的重要角色和地位。因此，很难保证承诺的内容体现《反垄断法》第50条的要义：给第三人造成损失的，应依法承担民事责任。

8.2.2 司法解释现状

我国最高人民法院在2012年颁布了《最高人民法院关于审理因垄断行为引发的民事纠纷案件应用法律若干问题的规定》，可以视为对《反垄断法》第60条规定的解释。该规定第1条定义了垄断民事纠纷案件，对此类案件可以向人民法院提起民事诉讼，确定了可以提起诉讼的主体包括：自然人、法人或其他组织。但值得注意的是，该规定中“本规定所称因垄断行为引发的民事纠纷案件”的表述。可诉的垄断民事纠纷案件的前提是“垄断行为”，也就是说商业行为已经过反垄断执法机关调查之后，被认定为垄断行为。而根据《反垄断法》规定，反垄断法承诺制度是发生在认定垄断之前、调查之中的行政执法方式。所以这项规定并不是针对反垄断执法和解制度的司法解释，但可以看到，我国的法律允许垄断行为利益受损方进行诉讼救济。将诉讼救济引入到反垄断法的反垄断法承诺制度也是可能的。该规定第8条提到：“原告应当对被告在相关市场内具有支配地位和其滥用市场支配地位承担举证责任。”该规定有3个方面值得商榷。首先，根据该规定的内容，需要由法院根据原告的举证来认定经营者是否具有垄断地位、实施了垄断行为。然而，《反垄断法》并未赋予法院认定垄断行为的权力，只有反垄断调查执法机关有权作出构成垄断行为的认定。其次，与该规定第1条内容相违背，垄断民事纠纷案件可诉的前提是“垄断行为”，即反垄断执法机构已经经过调查，证明了经营者在相关市场内具有支配地位并有滥用市场支配地位的行为。最后，作为消费者和其他同行竞业者的第三人，在市场竞争中通常处于相对劣势，在垄断民事纠纷诉讼中作为原告，劣势地位同样决定其是否应该承担举证责任，对此值得探讨。

8.2.3 部门规章现状

《国家工商行政管理机关查处垄断协议、滥用市场支配地位案件程序规定》在2009年由国家市场监督管理总局局务会议通过并颁布执行。

该规定第15条至第19条规定了市场监督管理机关在调查垄断协议和滥用市场支配地位案件时，可以适用的反垄断法承诺制度的相关内容。但部门规章的位阶决定了相关内容仍然是对《反垄断法》现有承诺制度的细化，不会有实质性改变。同样在2009年，商务部制定和颁布的《经营者集中审查办法》（以下简称《审查办法》）中，并未直接反映出反垄断法承诺制度。但《审查办法》第11条至第15条规定体现的“限制性条件”，与反垄断法承诺制度在本质上一致。其中，“在审查过程中，为消除或减少经营者集中具有或可能具有的排除、限制竞争的效果，参与集中的经营者可以提出对集中交易方案进行调整的限制性条件”；“参与集中的经营者提出的限制性条件应能够消除或减少经营者集中具有或可能具有的排除、限制竞争效果，并具有现实可操作性”，体现了承诺的内容。“对不予禁止的经营者集中，商务部可以决定附加减少集中对竞争产生不利影响的限制性条件”，体现了执法机构对承诺内容的修正。“对于附加限制性条件批准的经营者集中，商务部应对参与集中的经营者履行限制性条件的行为进行监督检查，参与集中的经营者应按指定期限向商务部报告限制性条件的执行情况”，体现了监督的内容。这些规定依然反映出反垄断法承诺制度里第三人缺失的问题。

由国家发改委制定的《反价格垄断行政执法程序规定》于2011年开始颁布和执行。该规定的第15条至第18条分别体现了中止调查的条件、承诺协议的内容、价格调查机构的监督和终止调查、恢复调查的内容。与前述部门规章相同，反垄断法承诺制度中的第三人权益依旧没有体现。然而，在2016年国家发改委制订的《指南》中，第8条和第9条确定了第三人的参与权。其中，《指南》第8条规定，在接受和解协议经营者与执法机关的协商过程中，可以邀请第三方经营者、行业协会、专家学者等共同参加讨论。此处的第三方经营者可以看作本书中所提出的狭义的第三人。而在《指南》第9条中规定，执法机关如果认为经营者的垄断行为已经影响到第三人的利益，则可以向社会公众公开其和解协议的内容以及经营者承诺的具体措施，公开时间为1个月。如果公众认为经营者承诺的措施可能会对其利益造成影响，那么可以向执法机关提出建议。执法机关认为其建议应当采纳的，可以要求经营者修改承诺措施。经营者拒绝的，可以终止调查。此处的第三人可以理解为广义的第三人。

8.3 反垄断执法和解协议中第三人权益保护机制的完善

8.3.1 事前参与机制的完善

1）公开机制

反垄断执法和解制度适用的核心程序是确定和解协议的内容。通常，市场主体提出初步的承诺内容后，由执法机关判断内容是否充分、适当。为了确保承诺内容的妥当性，大多数国家法律要求应向社会公开征求对承诺内容的意见。建立公开机制主要有两个目的：一是保护公共利益，即社会公众对执法和解制度的适用性可以进行评论，以判断和解是否有损公共利益；二是保护第三人利益，即让第三人知晓协议内容，以便及时主张权益。

在反垄断执法和解制度使用中，保护第三人权益首先要保障第三人的知情权。第三人只有先了解执法和解制度的适用进程，才能谈得上参与及抗辩。和解制度发生于执法双方之间，想要使所有利益可能受到影响的第三人均了解执法和解制度的适用性，就只能依赖于公开机制，即要求制度的适用程序必须对整个社会公开。因此，公开机制是保护第三人利益的最基本要求。公开机制可使第三人获得一个表达意见的机会。任何主体，只要认为自己的合法权益已经或可能因和解制度的适用受到损害，就可以以适当的方式、在有效期限内向执法机关提交意见。

为了保证公开机制的有效性，必须对公开的广泛性有所要求。首先，公开的内容不应限于案件的实施情况，还应包括承诺的具体内容，且公示的信息应当明确、充分。其次，公示信息的媒介应具有一定的权威性、形式的多样性以及受众的普遍性。通常情况下，需要在官方出版物或发行量大的出版物上公布。考虑到受众的多样性，还可以采取纸质媒体与网络媒体同时发布的方式。最后，为避免公开机制流于形式，公开应有一定期限，且这一期限不能太短。例如，欧盟要求不少于1个月。如果公开期限太短，人们难以及时了解并理解和解协议的内容，也就难以对和解是否合适提出实质性抗辩或修改意见。

大多数国家立法明确规定制度的适用必须经公开程序加以限制。在美国，根据《特尼法案》的规定，法院就司法部和相对人之间的和解作出同意判决时和解协议必须在《联邦公报》（Federal Register）上公布60日，以接受公众评论；美国联邦贸易委员会作出同意命令之前也有公众评论（Public Comment）程序。根据美国联邦贸易委员会的同意命令规则，为了维护第三人的利益，美国联邦贸易委员会接受和解协议时，会将被指控的行为、和解协议的内容、拟作出同意命令的条款、同意命令条款的解释、可能的救济措施以及其他委员会认为必要的信息向公众公开，以收集公众的评论意见。公开日期一般为30天，也可能是美国联邦贸易委员会制订的其他期限。此外，对同意命令条款的解释也会在《联邦公报》上刊载。

《第1/2003号条例》确立了公示程序，此程序被称为“市场测试”（Market Test）。在欧盟网站公布的所有承诺案件中，都会有一份详细的《市场测试公告》（Market Test Notice）。根据测试结果，相关企业通常会修改承诺内容。市场测试公告及各版本承诺都会在《欧盟公报》上公布，也可以在欧盟官方网站上查阅。其主要内容是，如果欧盟委员会打算作出承诺决定，应首先公布一个有关该案件的简明概要、企业作出的承诺或将要采取的行动的主要内容。上述内容应公布于《欧盟公报》（EU Official Journal），且承诺的全部内容还应在网络上公布。相关主体提交意见或发布评论的期限不应少于1个月。此外，欧盟其他国家包括意大利、法国、西班牙、丹麦等国的竞争法中也作了类似的规定。[①]

如前文所述，我国对于信息公开在《反垄断法》中并没有规定。在未正式颁布的《指南》中的第8条和第9条中有涉及，但仅提出了第三人有知情权的概念，公布的时间为1个月。然而，对于细节，包括经营者承诺的具体措施、公布的方式、市场测试等内容，并没有相应规定。从已有公布的竞争执法公告来看，仅仅公布了案件的调查过程，对于具

① ALBERTO，PERA，CARPAGNANO M.The law and practice of commitment decisions：a comparative analysis [J]. European Competition Law Review，2008，29（12）：676，679，683.

体措施仅仅是一笔带过。例如，在《竞争执法公告2018年第4号 中国农业银行股份有限公司内蒙古自治区分行涉嫌滥用市场支配地位行为案中止调查决定书》中，经营者承诺的《关于报送中止反垄断调查申请的报告》（农银内发〔2017〕196号）并没有公布，仅在决定书中进行了转述。并且，决定书的内容并不清晰明确，用了大量模糊词汇，如“严肃处理”“研究”“加强”等字样。

因此，对于我国信息公开制度的完善，可以从以下几个方面着手：

第一，对于公开的渠道应当予以明确。我国公开的信息只有在市场监督管理总局的官方网站上才能够查询到，在各省执法机关的网站上并不能完全查到。例如，在辽宁省市场监督管理局的网站上无法查询相关执法公告，而总局网站仅选择了部分内容进行发布。应当尽快建立统一的信息发布渠道，包含公开发行的书面渠道和网络渠道。书面渠道的公信力要远高于网络渠道，因为其内容已经确定，不得更改，也便于第三人搜集和取证；而网络渠道发布信息更方便、及时，二者应当相互结合，缺一不可。

第二，对于经营者作出承诺的内容，也就是和解协议的内容应当全文公示。目前从可查到的执法公告来看，对于公示的内容通常是转述，其措施并不详尽、具体，很难进行客观的定性评价。并且，对于制度适用的条件，报告中的叙述也并不详尽。当事人提出和解请求后，执法机关基于什么样的理由接受和解内容，是否对第三人可能产生影响，以及对公众利益产生怎样的影响应当详尽地列举说明。

第三，明确第三人信息反馈的渠道。从目前公布和实施的细则来看，第三人并没有一个明确的、可以针对公开信息进行反馈的渠道。应当建立全国统一的反馈渠道，比如网站、邮箱、邮寄地址，由专门机关负责进行信息搜集，并保证经营者的建议信息能够得到及时的反馈。

2）意见反馈机制

公开本身不是目的，而仅是维护第三人利益及公共利益的手段，故公开之后应进入实质性的意见反馈阶段。立法或实践应为意见反馈提供有效方式。

一般情况下，除利害关系人外，普通公众也可以提供反馈意见。然而，由于公众评价不直接关系到自身利益，也不是为了维护自身权益而发表意见，所以其意见可能缺乏深入思考。因此，普通公众通常不需要直接参与到制度适用的具体程序中，而只需要以各种方式发表意见即可。此外，公众的意见一般只能作为执法机构的参考，以评价和解协议内容及制度适用是否合适，而并不能改变执法机构的决定。除非公众提出明确的诉求主张，并提供相关证明材料，否则执法机构也没有义务给出明确回复。作为利害关系人的第三人，可能会直接或间接地受到制度适用的影响和利益损害。因此，执法机构应允许第三人参与到程序运作中，并提供合理的方式来保护其利益。在此过程中，保障第三人的陈述权和抗辩权尤为重要。如果第三人认为和解协议的内容不适当，比如协议不够全面或充分，那么可以行使抗辩权，以维护自身的合法权益。

参与制度运作程序后，第三人的核心权利是保障其陈述权与抗辩权。一旦第三人通过公开机制了解执法和解制度的适用情况和协议内容，就可以对涉及自身权益的内容陈述意见。通常情况下，执法机关也应主动征询第三人的意见。如果第三人认为和解协议的内容不适当，比如协议的内容不够全面或充分，则可以进行有利于自己的抗辩。赋予第三人陈述权和抗辩权是保障其合法权益的重要手段。

在实践中，保障第三人的陈述权与抗辩权需要依赖于一些具体机制，这些机制在不同国家和地区有不同的形式。在美国，司法部与相关当事人之间的和解协议公布之后，美国任何人都可以发表意见，所反馈的书面意见需要在法院备案。此外，意见收集完毕后，美国司法部部长或其指定的人应对公众意见作出书面回应，并将该书面回应登记在《联邦公报》上。但如果美国法院根据查明的事实认为该登记行为可能会对公众利益产生超过收益的额外损失，那么不需要登记。根据澳大利亚《贸易实践法1974》及《竞争与消费者法2010》第87B条，执法机关ACCC在适用执法和解制度时，不一定要求其与第三人进行协商。然而，在实践中，ACCC经常这样做，特别是在经营者集中审查的情况下，ACCC在接受经营者提出的和解协议时通常会考虑第三人的利益。

另外，在实施《竞争与消费者法2010》第87B条的指南中，也提到了与第三人磋商在经营者集中审查中的必要性。[①]根据《第1/2003号条例》，一旦执法和解决定的相关内容公布，第三人就可以在欧盟委员会确定的期限内提出意见。欧盟委员会规定的提交意见期限不得少于1个月。欧盟的“市场测试”机制应该能够确保绝大多数第三人有充分时间提出意见。但是，一些学者认为，第三人人只有在看到欧盟委员会的“市场测试”公告后才能发表意见，这限制了第三人发表意见的权利。因此，在“初步评估”阶段，第三人应该就相关信息得到通知。[②]但这种观点在笔者看来过于苛刻，毕竟在初步评估阶段，即便是执法机关也不能确定是否会采取进一步的措施，此时一旦将信息发布给第三人，就可能会造成市场的波动以及有损执法机关执法的严肃性。

英国的听取意见程序规定得更加详细。1998年英国颁布的《竞争法》在2004年修订时增加了有关和解制度的内容。执法机关英国公平贸易办公室（以下简称OFT）发布了《和解制度的使用指南》。尽管该指南赋予了执法机关较大的自由裁量权，但在意见反馈程序方面的规定却十分完善。根据该指南，如果执法机关准备接受企业的承诺，就会寄送相关材料给第三人。这些材料包括案件概况、和解协议内容以及当局对为何适用执法和解制度的解释。之后，第三人会获得一个不少于11个工作日的磋商期。经过磋商后，如果OFT修改了具体承诺措施，则修改后的和解协议则被视为一个新的和解内容。这可能会产生新的利益相关者，因此OFT又会将材料寄送给他们，并进入第二个不少于6个工作日的磋商期。我国的《指南》中也赋予了第三人磋商的权利，但并没有规定在经营者修改承诺措施后是否有必要再一次公示，公示期间是多长时间，以及第三人应该通过何种渠道向执法机关进行意见反馈。

3）利益安排机制

不论是通过公开机制保障第三人的知情权，还是通过意见反馈机制

① EIBL S. Commitment decisions: an Australian perspective［J］. European Competition Law Review，2005，20（6）：328-337.

② LECCHI E， et al.Committing others：the commitment procedure and its effect on the third parties［J］. G.C.L E.R，2011，4（4）：163.

来保护第三人的陈述权与抗辩权，最终目的都是确立一种有效利益的保护机制。因此，通过公开机制与意见反馈机制，第三人如果能够证明其合法权益确因执法和解制度的适用已经或将要遭受不可避免的损害，那么立法或实践应提供一个合理的方式来保护第三人利益。

在实践中，保护第三人的具体方式可能有如下几种：一是如果原有的和解协议未能妥善安排第三人的利益，则执法机关可能会要求经营者修改和解协议内容，直到第三人的权益得到有效保护为止；二是市场主体可能被要求与第三人在和解协议之外另行达成利益安排。通常情况下，只有市场主体提供的保护方式得到第三人认可之后，执法机关才会考虑接受其承诺；三是立法或执法机关可能会规定，只有在第三人同意的情况下，和解决定才能发生法律效力；四是当市场主体与第三人无法达成一致的利益安排时，执法机关只能考虑放弃适用和解制度，转而进入正式调查程序。

在欧盟，如果“市场测试”显示和解协议可能存在缺陷，欧盟委员会会要求企业重新提交承诺。例如，在Alrosa和De Beers案中，这两家公司向欧盟委员会作出了承诺，但却遭到了21家利益相关方（第三人）的反对，[①]欧盟委员会于是要求两家企业重新作出承诺，最终只有De Beers重新作出了承诺，欧盟委员会据此对De Beers作出了承诺决定。[②]在欧盟，可以说几乎所有接受和解协议决定的案件中，企业最初的承诺都会因为第三人的反对而被修改。因此，在正常的和解案件中，欧盟委员会公布的和解协议通常有两份：一份是企业最初提交的供“市场测试”的初步承诺（Proposed Commitments），另一份是经过修改后的最终承诺（Final Commitments）。

根据《指南》的规定，对于利益安排的变更，如果经营者不同意修改承诺措施，执法机构就可以终止对承诺的审查与协商程序，继续对涉嫌垄断行为进行调查。然而，目前我国仍然采用行政权主导的执法方式，缺少第三人参与机制和利益保障机制，导致执法公告中没有提及要

① KELLERBAUER M. Playground instead of playpen: the court of justice of the European Union's alrosa judgment on Article 9 of Regulation 1/2003 [J]. E.C.L.R, 2011, 32 (1): 2.

② SCHWEITZER H. Commitment decisions under Article 9 of Regulation 1/2003: the developing EC practice and case law [J]. EUI-LAW Working Papers, 2008 (22): 2-3.

求经营者根据第三人参与情况修改承诺措施的规定。为此，可以考虑设立专门的部门，负责协调第三人与经营者之间的利益平衡，接收和解协议或向执法机关提出中止调查请求。

8.3.2 事后的救济机制的完善

虽然执法和解制度中存在多种第三人利益保护机制，但是由于某些第三人可能由于疏忽或其他原因未能充分参与该制度的运作，或者参与得不够充分，导致其合理诉求未能得到充分满足。如果这种情况发生在和解决定作出并履行后，那么第三人的利益可能仍会受到影响。因此，法律也应该为第三人提供适当的救济措施。

1）执法和解决定的执法变更

当执法机关作出接受和解的决定后，对第三人能否请求执法机关变更（包括修改、终止或撤销三种情形）其决定，各国或地区立法中基本没有明确的规定。但各国或地区的立法基本都规定了执法调查活动的重新启动机制。二者是极为相关的两个问题，之所以需要重新启动调查，主要目的就是变更之前已经作出的和解决定。

根据欧盟《第1/2003号条例》和我国《反垄断法》的规定，以下情况将导致重启调查活动：经营者未履行承诺，承诺决定所依据的事实发生重大变化，或承诺决定基于不真实、不完整或误导性信息作出。在《指南》第16条中，这部分内容并未得到进一步细化，而是直接引用了《反垄断法》中的相关条款。虽然上述变更理由中并未直接规定保护第三人利益，但这可以从中推导出来。例如，如果和解决定基于相对方提供的不真实、不充分或误导性信息作出，那么执法机构应重新启动调查程序。而且，在导致第三人利益未得到保护的情况下，重新调查实际上可以起到维护第三人利益的作用。然而，导致第三人未得到保护的情况远不止于此，因此立法应该扩大重新调查程序的启动原因，并规定所有不具有合理性的情形。根据我国的立法惯例，最便捷的方式是在列举重新启动调查程序情形时增加一个兜底条款，如“其他导致中止调查决定不具有合理性的情形”。

《指南》的第16条第2款在《反垄断法》第53条第3款的基础上增

加了一条规定："消费者或其他经营者认为符合上述情形的，可以向执法机构提出恢复调查申请。执法机构将审查该申请并决定是否恢复调查。"该条规定赋予了有利害关系的第三人向执法机构提出恢复调查申请的权利。相比于《反垄断法》，这是对第三人利益保护方面的一项重大进步。该条规定与欧盟《第1/2003号条例》的内容一致，未经修改。但是，可以进一步思考可申请的主体范围是否可以包括所有利益相关的第三人。根据前文的分析，答案是否定的。因此，建议将该规定的表述改为"其他有利害关系的第三人"更为准确。

2）执法和解决定的司法审查

和解决定作出后，第三人如果想通过法院来修改或变更和解决定，例如提起撤诉，则因为和解决定性质不同，所以方式和难易程度也有所差别。

（1）作为司法判决的和解决定

如果和解决定以法院判决的形式作出，例如美国的统一判决，第三人事后挑战该生效判决将变得非常困难。在美国，所谓的"平行攻击禁令"或"附属攻击禁令"（Collateral Attack Bar）规定，第三人不能通过独立诉讼的方式在事后质疑已生效的判决。因此，第三人要想维护其权益，必须在同意判决的作出程序中参与。但是，在实际情况中，第三人可能由于各种原因未能参与到程序中，或者其参与可能被法院拒绝。这时，第三人就只能接受一份未经其协商的不利判决。当然，虽然第三人通过独立诉讼来撤销同意判决命令比较困难，但这并不意味着美国法院无权变更它。相反，美国法院一直拥有修改、终止或撤销同意判决的裁量权。只不过，美国法院对这项工作非常谨慎。例如，在美国，由于要遵循先例原则，撤销同意判决的审查标准比批准它要严格得多。①早在1932年的Swift案中，主审法官就论述了同意判决的变更标准，即只有因新的、不可预见的事实出现致使同意判决具有严重错误（Gievous Wrong）时，才可对其予以修改。在1942年的Chrysler案中，美国法院认为，当政府提起变更申请时，决定是否予以变更的标准，应当是当初

① EPSTEIN R A. Antitrust consent decrees in theory and practice: why less is more [M]. Washington, D.C.: AEI Press, 2007: 26.

作出的统一判决的“基本目标”（Basic Purpose）是否已经实现或受到阻碍。[①]1974年《特尼法案》颁布之后，美国法院更多地运用“公共利益”标准来判断是否变更一项同意判决。

总之，对私法判决形式的和解决定来说，第三人想以诉讼方式来推翻它并不容易，这完全取决于法院的态度，而法院有充分的理由不支持这种诉讼。所以，最好的方式还是事前参与到和解决定的程序之中。

（2）行政执法机关作出的和解决定

如果和解决定是由行政执法机关作出的，则仅具有一般行政行为的效力。若第三人认为决定损害了自己利益，则可以用行政救济的方式维护，最主要的手段是提起诉讼。欧盟的和解决定及我国反垄断执法机关的中止或终止调查决定属于此类。

在欧盟，第三人可以随时向法院申请撤销和解决定，例如，当其认为欧盟委员会“市场测试”公告的内容不够充分进而影响到自己利益时。[②]在实际应用中，第一个受到第三人起诉的和解决定是欧盟委员会在2006年对De Beers案作出的和解决定。该案源于全球最大钻石生产商De Beers在合同中滥用市场支配地位，随后引发了调查程序，最终基于De Beers的承诺作出了和解决定。根据和解决定，De Beers自2006年开始逐渐减少从Alrosa购买钻石的数量（2006年为6亿美元，2007年为5亿美元，2008年为4亿美元），直至2009年不再购买。这份和解决定会对Alrosa的利益产生影响，因此Alrosa以第三人的身份将欧盟委员会告上初审法院（Court of First Instance，CFI），要求撤消和解决定。其中之一的理由是，在针对De Beers滥用市场支配地位的案件中，Alrosa是第三人，但没有得到充分的听证机会。2007年，初审法院裁定撤消欧盟委员会的和解决定。到目前为止，这是一个第三人成功挑战和解决定的案例。然而，欧盟委员会随后上诉到欧洲法院（European Court of Justice，ECJ），2010年欧洲法院推翻了初审法院的判决，支持欧盟委员会的和解决定。

① ANDERSON J D. Modifications of antitrust consent decrees: over a double barrel [J]. Michigan Law Review, 1985, 84 (1): 134-154.

② WILS W P J. Settlements of EU antitrust investigations: commitment decisions under Article 9 of Regulation No.1/2003 [J]. World Competition, 2006 (3): 29.

在我国，执法机关的中止或终止调查决定就是普通的行政行为，第三人对其不服自然可以提起行政诉讼，问题是第三人能否起诉中止或终止调查决定。1989年，《中华人民共和国行政诉讼法》（以下简称《行政诉讼法》）对第三人的起诉资格未明确规定，在实践中一度将是否具有行政诉讼的原告资格同是否为具体行政行为的直接相对人联系起来。[①]2000年，《最高人民法院关于执行〈中华人民共和国行政诉讼法〉若干问题的解释》明确规定："与具体行政行为有法律上利害关系的公民、法人或其他组织对该行为不服的，可以依法提起行政诉讼。"这确立了原告资格的"法律上利害关系"的标准，但仍存在不确定性，因此学界意见不一。2014年，《行政诉讼法》进一步改变了原告资格标准，第25条规定，"行政行为的相对人以及其他与行政行为有利害关系的公民、法人或其他组织，有权提起诉讼"。因此，只要与行政行为"有利害关系"的主体，就可以对该行为提起诉讼。"利害关系"标准的含义仍不确定，但从字面上看，应比"法律上利害关系"的标准更宽松，这体现了《行政诉讼法》保护范围扩大的趋势。这也与其他国家或地区在行政诉讼立法上原告资格标准从严格到宽松的发展趋势一致。[②]

利害关系的含义可以有多层，如直接利害关系和间接利害关系。在《行政诉讼法》的修改中，有观点提出将行政诉讼原告资格限定在直接利害关系上，而间接利害关系则不应获得保护。然而，在最终修改时，没有采纳直接利害关系的标准，而是坚持了利害关系的标准。[③]这种做法有利于保护所有第三人的合法权益。至于这些人的利益最终是否能得到法院的支持，那是司法审查的实质标准问题；虽然可以严格要求，但不能因此剥夺第三人提起诉讼的资格。这种说法有一定道理，但实际上法院通常只会支持直接利害关系人的诉求，间接利害关系人虽然可以提起诉讼，但却很难获得最终的实质性法律保护。

---

① 汤军．论行政诉讼原告资格认定的"权益保护"路径［J］．政治与法律，2013（9）：146-153.

② 王克稳．论行政诉讼中利害关系人的原告资格——以两案为例［J］．行政法学研究，2013，81（1）：38-45.

③ 杨小军．行政诉讼原告与被告资格制度的完善［J］．行政法学研究，2012（2）：21-25.

3）第三人提起的损害赔偿之诉

执法机构接受经营者的和解不会影响第三人对垄断行为提起损害赔偿诉讼。即使在美国被禁止进行“平行攻击”时，第三人对垄断行为提起诉讼也不构成对和解裁决的“平行攻击”。然而，在和解决定生效之后，如果第三人就被和解的垄断行为提起损害赔偿诉讼，那么由于和解决定在法院案件审理中的证据效力有限，所以第三人可能会面临举证难题。如果此时不支持第三人的诉讼，他们就可能难以维护自身权益。

第三人的这种举证难题，实际上是因为执法机关未对垄断行为进行正式调查而选择和解制度这种非正式调查造成的。因此，执法机关应对第三人举证提供一定的帮助。从各国实践来看，提供帮助的方式主要有以下几种方式：

（1）材料支持

为支持第三人诉讼，除涉及市场主体商业秘密外，适用和解制度的案件资料应可供第三人查阅。第三人通过查阅案件资料，不仅可以了解自身权益是否因和解决定受到损害，更重要的是，在损害赔偿诉讼中，这些资料可以成为证明被告是否实施垄断行为以及实施何种垄断行为的初步证据或佐证材料。也就是说，尽管这些案件资料不能直接证明被告违法，但至少能对案件事实及法律关系起到一定的证明作用。

在欧盟竞争法实践中，欧盟委员会会对已开展调查的案件作出“初步评估”，通常表现为向涉案企业寄送一份《异议声明》。虽然和解决定的证据效力有限，但《异议声明》基本上会表明企业违法，因此具有重要的证据价值。如果第三人之前已参与调查程序，通常会获得《异议声明》副本；如果第三人未参与调查程序，则提供《异议声明》副本给第三人不再是欧盟委员会的义务，完全由欧盟委员会自主决定。①如果欧盟委员会拒绝提供异议声明副本，那么第三人的诉讼将变得更加困难。欧盟委员会会综合考虑是否提供副本，因为提供副本可以方便第三人的诉讼，但对作出承诺的企业不利；而不提供副本则会妨碍第三人的诉讼，但能够鼓励企业作出承诺，这是一个两难的选择。总的来说，如果

① GEORGIEV G S. Contagious efficiency: the growing reliance on U.S.—style antitrust settlements in EU Law [J]. Social Science Electronic Publishing, 2007, 2 (971): 973-974.

第三人不能参与调查程序，获得异议声明副本的可能性将非常低。因此，第三人现在更积极地参与调查程序，尤其是在那些欧盟委员会可能会选择和解而非罚款的案件中，第三人的参与程度更大。①

（2）法庭之友

在案件审理中，如果必要，那么执法机构在作出和解决定时应该扮演“法庭之友”的角色。这里的“法庭之友”是指那些虽不是当事人，但对案件实质问题有重大利害关系，并主动向法院提交书面意见或应法院要求而提交意见，协助法官解决法律问题的人。②在一些国家或地区的立法或实践中，针对普通的私人诉讼，已有规定或做法要求反垄断执法机关充当“法庭之友”。在针对和解案件的私人诉讼中，由于和解决定的证明力有限，很多事实或法律问题需要执法机关的协助才能查清或需要耗费较大的诉讼资源。为了迅速处理好案件，作为原告的第三人可以向法院申请执法机关的协助，同时法院必要时也可主动要求执法机关协助。

一般来说，作为“法庭之友”的执法机关主要承担以下协助工作：

一是传递信息。如果第三人无法从执法机关处获得案件材料，或者获得材料存在困难，那么他们可以向法院提出申请。如果法院批准，那么法院将会向执法机关提出请求。此时，执法机关应当向法院传递其拥有的案件信息，除非相关信息属于商业秘密。在欧盟，也可能出现这样的情况：欧盟委员会作出和解决定后，第三人在成员国提起了损害赔偿诉讼。在这种情况下，成员国法院是否能要求欧盟委员会提供案件材料？实际上，在实践中并不存在障碍，因为在欧盟委员会处理的任何案件中，无论案件结案方式如何，成员国竞争执法机关都会获得《异议声明》的副本。如果他们认为合适，就可以将《异议声明》副本提供给提起损害赔偿诉讼的原告。《第1/2003号条例》没有对成员国竞争执法机关的这方面权利作出限制。不仅如此，根据《第1/2003号条例》第15条，在案件审理中，法院还可以要求成员国竞争执法机关提供《异议

① TAMPLE J, LANG. The strengths and weaknesses of the DG competition manual of procedure [J]. Journal of Antitrust Enforcement, 2013, 1 (1): 132-161.

② 肖永平，李韶华. 美国法庭之友制度的价值维度与实证研究 [J]. 东方法学，2011 (4): 121-131.

声明》。

在现实中，可能会出现某一案件正在执法机关和市场主体之间协商的情况，而受害人已经向法院提起了损害赔偿诉讼。在这种情况下，执法机关是否会达成和解以及何时作出决定仍然具有不确定性。为增强法院诉讼的针对性和有效性，法院可以请求执法机关提供程序性信息，以确定执法机关是否已经审查该案件，是否已经形成了自己的观点，或者何时可能作出决定以及将要作出何种决定。这样做可以使法院根据情况确定是否终止诉讼活动或是否需要采取临时措施。

二是提供意见。如果法院认为反垄断执法机关的意见对审理案件必不可少，那么可要求后者就本案事实及法律问题提供意见。执法机关也可主动向法院提交意见。提供意见的方式一般是书面的，当然，经法院允许，也可提交口头意见。

三是必要时出庭作证。如果案件已经执法机关处理，执法机关就对案件事实及法律问题有了一定了解。为了迅速查清案件事实及法律关系，法院在必要时可要求执法机关委派相关人员出庭作证。

执法机关协助法院并不等同于干涉法院的案件审理。执法机关提供的信息和意见对法院没有约束力，仅供参考。法院完全可以忽略执法机关提供的信息和意见而作出独立的审判决定。当然，执法机关在传递信息和提供意见时，应当尽力保持客观中立。执法机关对法院的协助只是其维护公共利益职责的一部分，不意味着它服务于任何当事人的私人利益。因此，执法机关不需要听取任何当事人的意见。根据欧盟法规定，如果案件当事人在法庭上争论的问题已经与执法机关有所接触，那么无论这些接触是在法院请求执法机关协助之前还是之后发生的，执法机关都必须如实告知法院。

9 研究结论与展望

9.1 研究结论

9.1.1 结论

任何法律制度都有其自身逻辑，《反垄断法》也不例外。解释反垄断执法制度的严谨逻辑及其规范是有意义的。传统的反垄断执法机制中，强制性是主要特征之一。这一方面是因为垄断行为对经济社会造成巨大危害，另一方面是因为垄断经营者所处的优势地位。然而，正式强制性的执法有时并不能实现反垄断法的目的。特别是在我国，行政垄断、公用事业企业垄断、互联网经济催生下的各种新型垄断行为层出不穷。因此，在反垄断法执法制度中植入更能提高效率、降低成本的非正式、强制性的执法和解制度是必然选择。本书研究反垄断法执法和解制度，旨在解释该制度在实现反垄断法目标和价值方面的优势。通过对制度的研究，揭示其中所蕴含的利益博弈，诠释反垄断执法和解制度的理论内涵以及制度供给对于反垄断执法目标实现有效性的问题。通过研究美国、欧盟以及其他主要国家和地区的制度构建和理论内涵，希望能为我国反垄断执法和解制度的构建和完善提供理论支持，并为我国法律实施制度改革提供理论参考。

反垄断执法和解制度是一种特别的垄断行为处理方式。执法机关基于经营者作出的有效承诺，在不对垄断行为作出详细调查的情况下，即可结束案件处理程序。制度的适用可以快速消除垄断行为的消极影响，节约执法资源，并使企业免于违法认定和处罚，因此受到执法机关和经营者的欢迎。然而，执法和解制度的不当适用可能会损害相对方或第三人的利益，甚至造成公共利益的损失。对于风险的控制，可以从微观和宏观两个方面进行把控。从微观方面来看，也就是立法层面，可以通过完善制度适用范围和加强制度构建来进行。从宏观层面来看，则要解决深层次的利益博弈问题。和解制度中的利益博弈主要体现在执法机关与社会公共利益之间的博弈以及经营者与第三人之间的利益博弈两个方面。通过以上分析，本书得出以下结论：

1）从我国经济发展的特殊性、经济体制的特殊性等多方面原因来看，执法和解制度不仅能够在制度上满足我国社会经济发展的需求，在哲学文化背景上也能适应我国的环境。更重要的是，针对我国经济发展的特殊性，其制度本身的内涵也能为其发展提供必要的条件。

2）从法律性质方面看，反垄断法执法和解制度属于契约化救济式执法方式。其表现在双方对于结果的分担是目标导向型，即使存在抗辩的要素，但结果一定是双方利益的平衡。可能会倾向于其中一方，但双方从总体上来看，能在不同利益平衡的条件下找到制衡点。另外，执法和解制度属于非正式的强制型执法程序，而非强制型执法程序，因为大多数国家要求对其内容进行公开，并保护第三人的抗辩机制。有些国家甚至要求从公共利益角度进行司法审查。此时，制度中所体现出来的强制性相比较行政咨询或者行政指导这样的非强制程序效果要明显得多。从制度构成的理论基础和价值来看，执法和解制度的理论基础包含公法私益化理论、成本-收益理论和社会正义理论。而从价值体现上来看，执法和解制度体现了社会整体效率价值和实质公平价值的辩证统一，二者缺一不可。但如果公平和正义无法协调，那么从反垄断法的立法目的、价值取向以及执法和解制度的设计初衷来看，应当坚持效率优先的中心价值取向，这样更能发挥制度的优势和功能。

3）从反垄断执法和解的法律适用范围方面来看，在宽松模式和严格模式中，我国选择的是宽松模式。也就是说，执法机关对于执法和解的适用范围规定并不明确，只是对不适用的案件进行了详细的列举。这包括排除具有严重影响的垄断行为、排除执法成本较高的案件和排除多个企业垄断行为的案件。除此之外，根据我国的国情，应当将高科技和新型案件以及行政垄断行为纳入执法和解制度的受案范围。

4）从程序启动方面来看，我国《指南》中采用了具有特别浓厚的行政机关主导的启动方式。即程序的启动只能由经营者申请，执法机关仅负责审批这种方式。实际上，执法机关也可以授予其启动程序的权利，特别是在特定案件，比如行政垄断、互联网案件等情况下。并且，对于结构性的承诺措施要比罚款这种传统的执法方式更有利于市场竞争秩序的恢复。在启动条件方面，可以要求执法机关在案件审查结束后，向社会公众说明其接受经营者中止调查申请的理由。在执行方面，首先应当完善现有规则适用的统一性，对制度精准定位。同时要建立多样化的监督体系，并进一步明确回复调查的程序。其次，要完善和解协议的监督执行，特别是对执法机关变更和解协议要进行严格的限制。最后，要加强被调查经营者履行和解协议的监督，包括自我监督、执法机关监督、第三方专业机构的监督以及强化经营者范围和解协议的法律责任。

5）从保护公共利益方面来看，最重要的途径是平衡执法机关的自由裁量权。一方面，实现效率价值与其他价值的平衡；另一方面，实现实体标准与程序机制的结合。这两个方面可以作为风险控制的一般原则。通过限制执法机关执法权的行使、化解执法机关与经营者之间的利益博弈以及完善和解协议的订立步骤这三个方面，可以在制度框架下保护社会公共利益。

6）从第三人利益保护方面来看，主要可以从事前的参与机制和事后的救济机制两个方面进行完善。在事前参与机制方面，可以在建立完善公开机制、意见反馈机制和利益安排机制这三个方面展开。

9.1.2 研究创新点

本书在借鉴国内外学者已有研究成果的基础上，密切结合我国的实际，对相关市场界定的问题进行了全面、深入、探索性的研究，拟对以下几个方面进行创新：

1）对反垄断执法和解制度的研究内容进行了进一步的深化

国外的研究成果对于反垄断执法和解中最为核心的和解契约、和解制度的主要制度构成、和解制度与其他执法制度的关系问题涉及不多。而国内对反垄断执法和解的界定，反垄断执法和解制度的比较研究，和解适用范围和条件，和解决定的内容、变更及其执行，以及我国反垄断执法和解的特殊性等内容缺少系统深入的研究。本书在《指南》发布后的背景下，对其内容中较少研究的薄弱环节和空白地带进行深入研究，拓展国内外反垄断执法和解制度的研究内容，并希望通过系统化的研究得出科学、合理、全面的认识与结论。

2）对反垄断执法和解制度的基本理论范畴进行了研究

本书对反垄断执法和解的价值取向、基本原则、基本理论进行了研究。第一，关于和解制度的价值取向，提出了效率中心主义价值取向的观点，即和解制度应以效率为中心，兼顾公平；第二，对反垄断执法和解程序在性质上属于非正式程序的主流观点进行评析，提出了正式程序的观点；第三，提出了反垄断执法和解制度不会降低反垄断法威慑力度的观点。我国反垄断执法应树立“宽严相济”的执法理念，对于绝大多数垄断案件可采取“温和规则”或“柔性执法”的方式。反垄断执法和解机制作为“柔性执法”的方式之一，将为反垄断执法机关节约大量的执法资源，并将节约的执法资源用于某些严重违法、重大复杂案件的调查处理，可以提高垄断违法行为的发现概率，并不会降低反垄断法的威慑力。

3）对我国反垄断执法和解制度的立法及有效运作进行了较为深入的研究

我国现行的法律只是勾勒出了反垄断执法和解制度的大体轮廓。从总体上看，我国的反垄断执法和解制度的规定过于简单和不够完善。因此，本书在借鉴欧美反垄断执法和解制度的先进经验和成熟做法之后，检讨了我国现行的反垄断执法和解制度的立法及运作中存在的问题，然后提出了运行我国反垄断执法和解制度的完善建议，包括制度的完善、机构角色定位的重构、运行方式的完善，特别是从执法双方间利益博弈的角度上如何进一步限制执法机关自由裁量权等给出了完善建议。

9.2 研究展望

9.2.1 研究不足

我国现行的法律只是勾勒出了反垄断执法和解制度的大体轮廓。总体上看，我国的反垄断执法和解制度的规定过于简单和不够完善。因此，本书在借鉴欧美反垄断执法和解制度的先进经验和成熟做法之后，检讨了我国现行的反垄断执法和解制度立法及运作中存在的问题，随后提出了运行我国反垄断执法和解制度的完善建议，包括制度的完善、机构角色定位的重构和运行方式的完善，特别是从执法双方间利益博弈的角度上如何进一步限制执法机关自由裁量权等提出了观点。

1）立法方面的问题

如前文所述，2016年国家发改委根据国务院反垄断委员会的工作计划，起草了《垄断案件经营者承诺指南》（征求意见稿），该征求意见稿于2016年2月3日至2016年2月22日向社会公众公开征求意见。同时，过去的执法三机关已经被统一的国家市场监督管理总局下设的反垄断局取代，将反垄断局的职能描述为“拟订反垄断制度措施和指南，组织实施反垄断执法工作，承担指导企业在国外的反垄断应诉工作，组织指导公平竞争审查工作，承担反垄断执法国际合作与交流工作，承办国务院反垄断委员会日常工作”。这对《指南》在正式发布后的执法工作提出了新的挑战。

2）涉嫌垄断经营者的救济问题

我国的反垄断执法和解制度中，执法机关有很大的自由裁量权。诚然，这种自由裁量权是制度本身顺利运行所必需的，但如果不能很好地予以一定的限制，那么执法机关对于自由裁量权的滥用会对未来实施反垄断执法和解制度产生很大的障碍。进一步说，对于是否可以接受经营者的承诺，承诺的内容和范围如何判断，是否符合反垄断法的目标，效果的判断和执法监督等都体现出执法机关的自由裁量权。一旦执法机关对于执法权滥用，那么经营者如何保障自身的合法权？对这方面的研究对于深化执法和解制度的理论和实践是有重大意义的。

3）反垄断执法和解国际化的问题

随着世界经济区域化发展趋势越来越明显，区域经济的不断融合趋势也显示出来，反垄断法执法中的国际化、区域化问题，竞争政策与国家经济安全、政治等问题引起学者和公众的广泛关注。这是一个法学、政治学、社会学、经济学等多元学科融合的领域，难度大且有重大的理论和实践意义，笔者在本书中并没有涉及。

9.2.2 研究展望

应当指出，反垄断执法和解制度是一个开放的体系，希望完全穷尽从逻辑上看是难以实现的。从这一角度来看，以开放的态度去探讨相关问题会使本书的展开更有效，这一点也是笔者需要继续努力的方向。本书仅仅对于制度进行了浅显的梳理和研究，尚有更广的研究领域需学者们开拓耕作，以揭示法律制度的真谛，为社会进步建言献策。

参考文献

[1] ALBERTO, PERA, CARPAGNANO M. The law and practice of commitment decisions: a comparative analysis [J]. European Competition Law Review, 2008, 29 (12): 669-685.

[2] ANDERSON L C. Mocking the public interest: congress restores meaningful judicial review of government antitrust consent decrees [J]. Vermont Law Review, 2007, 19 (6): 45.

[3] ANDERSON L C.United States v.Microsoft, antitrust consent decrees, and the need for a proper scope of judicial review [J]. Antitrust Law Journal, 1996, 65 (1): 1-40.

[4] AREEDA P, KAPLOW L, EDLIN A S. Antitrust analysis: problems, text, and cases [M]. 7th ed.Maryland: Aspen Publishers, 2013.

[5] BUSH D, FLYNN J J.The misuse and abuse of the Tunney Act in the Microsoft cases: the adverse consequences of the Microsoft fallacies [J]. Loyola University Chicago Law Journal, 2003, 4 (34): 749-814.

[6] COOK C.Commitment decisions: the law and practice under article 9 [J]. World Competition, 2006 (29): 209-228.

[7] KONCZAL D S. Ruling rufo: ramification of a lenient standard for modifying antitrust consent decrees and an alternative [J]. Geroge Washington Law Reviews, 1996, 11 (4): 175.

[8] DEVITT C.Consent decree challenge [J]. Bond Buyer, 2012, 12 (2):

335-337.

[9] KONCZAL D S. Ruing rufo: ramifications of a lenient standard for modifying antitrust consent decrees and an alternative [J]. The George Washington Law Review, 1996, (65): 130-169.

[10] EPSTEIN R A.Antitrust consent decrees in theory and practice: why less is more [M]. Washington D.C.: Aei Press, 2007: 69

[11] FURSE M.Excessive prices, unfair prices and economic value: the law of excessive pricing under article 82 EC and the chapter Ⅱ prohibition [J]. European Competition Journal, 2008, 4 (1): 59-83.

[12] FURSE M.The decision to commit: some pointers from the US [J]. European Competition Law Review, 2004, (8): 5-10.

[13] Gal M S. The ecology of antitrust: preconditions for competition law enforcement in developing countries [J]. Social Science Electronic Publishing, 2005, 2 (3): 25.

[14] GALLO J C, DAU-SCHMIDT K, CRAYCRAFT J L, et al.Department of justice antitrust enforcement (1955—1997): an empirical study [J]. Review of Industrial Organization, 2000, 17 (1): 75-133.

[15] GAVIL A I, KOVACIC W E, BAKER J B.Antitrust law in perspective: cases, concepts, and problems in competition policy [M]. New York: NY Foundation Press Thomson/West, 2008.

[16] GEORGIEV G S.Contagious efficiency: the growing reliance on U.S.—style antitrust settlements in EU law [J]. Social Science Electronic Publishing, 2007, 35 (5): 102.

[17] GERBER D J.Economics, law and institutions: the shaping of Chinese competition law [J]. Social Science Electronic Publishing, 2008, 26 (4): 477-481.

[18] GOYDER D G.The antitrust laws of the United States of America [M]. Cambridge: Cambridge University Press, 1980.

[19] GRAJEK M, RÖLLER L H. Regulation and investment in network industries: evidence from European Telecoms [J]. Journal of Law & Economics, 2012, 55 (1): 189-216.

[20] GREEN C. 1982 AT&T consentdecree-strengthening the antitrust procedures and penalties act [J]. Howard Law Journal, 1984 (13): 905.

[21] SCHWEITZER H.Commitment decisions under article 9 of regulation 1/

2003: the developing EC practice and case law [J]. EUI Working Papers Law, 2013 (22): 35.

[22] ISENBERGH M S, RUBIN S J. Antitrust enforcement through consent decrees [J]. Harvard Law Review, 1940, 53 (3): 386-414.

[23] JENNINGS J P. Comparing the US and EU Microsoft antitrust prosecutions: how level is the playing field? [J]. Erasmus Law & Economics Review, 2006, 12 (1): 39.

[24] KATZ M. The consent decree in antitrust administration [J]. Harvard Law Review, 1940, 53 (3): 415-447.

[25] KRAMER L. Consent decrees and the rights of third parties [J]. Michigan Law Review, 1988, 87 (2): 321-364.

[26] LUBAN D. Settlements and the erosion of the public realm [J]. Georgetown Law, 1995, 83: 2619.

[27] FERRO M S. Committing to commitment decisions: unanswered questions on article 9 decisions [J]. European Competition Law Review, 2005, 26 (8): 205.

[28] MONTI G, VAN LEEUWEN B, ROBERTSON V. EU law and interest on damages for infringements of competition law: a comparative report [J/OL]. [2016-11-12]. https://cadmus. eui. eu/bitstream/handle/1814/40464/LAW_2016_11.pdf? sequence=3.

[29] PAPPALARDO K, SUZOR N. Standardisation and patent ambush: potential liability under Australian competition law [J]. Competition & Consumer Law Journal, 2011, 18 (3): 267-295.

[30] PARKINSON J. Restorative justice: deliberative democracy in action? [J]. Australian Journal of Political Science, 2004, 39 (3): 505-518.

[31] PERA A. Changing views of competition and EC antitrust law [J/OL]. [2018-11-09]. https://econpapers. repec. org/paper/mcrwpaper/wpaper00013.htm.

[32] SAVIN J R. Tunney Act '96: two decades of judicial misapplication [J]. Emory Law Journal, 1997, 12 (7): 176.

[33] SHEN B T. From jail cell to cellular communication: should the rufo standard be applied to antitrust and commercial consent decrees [J]. NW.U.L.REV, 1996, 90 (4): 1781-1838.

[34] EIBL S. Commitment decisions: an Australian perspective [J]. European Competition Law Review, 2005, 20 (6): 328-337.

[35] STATON G.Microsoft and the Tunney Act：all is not constitutional on the western front [J]. Turgood Marshall Law Review，2011，128（11-12）：389-394.

[36] STIGLER G J.The theory of economic regulation [J]. Bell Journal of Economics & Management Science，1971，2（1）：3-21.

[37] TAMPLE J，LANG. The strengths and weaknesses of the DG competition manual of procedure [J]. Journal of Antitrust Enforcement，2013，1（1）：132-161.

[38] THOMAS M. Mengler consent decree paradigm：models without meaning [J]. Boston College Law Review，1988，29（3）：293.

[39] TIMOTHY G. Portwood，Mergers under EEC competition law，London and Atlantic highlands [M]. London：The Athlone Press，1994：149.

[40] UMBREIT M S.The handbook of victim offender mediation：an essential guide to practice and research [M]. San Francisco：Jossey-Baas，2001.

[41] WILS W P J.Settlements of EU antitrust investigations：commitment decisions under article 9 of regulation No.1/2003 [J]. World Competition，2006，29（3）：209 -228.

[42] WILS W P J.The use of settlements in public antitrust enforcement：objectives and principles [J]. Social Science Electronic Publishing，2008，31（3）：335-352.

[43] WOODS D.The new EU competition rules for co-operation between competitors of December 2010 [J]. Antitrust Chronicle，2011（2）：3.

[44] 《经济法学》编写组．经济法学 [M]．北京：高等教育出版社，2016：313.

[45] 彭梵得 P．罗马法教科书 [M]．黄风，译．2017版．北京：中国政法大学出版社，2018.

[46] 波斯纳 R A．法律的经济分析 [M]．蒋兆康，译．7版．北京：法律出版社，2012：76.

[47] 曹士兵．反垄断法研究 [M]．北京：法律出版社，1996：24.

[48] 陈荣宗．民事诉讼法 [M]．台北：三民书局，1996：54.

[49] 村上政博．日本禁止垄断法 [M]．姜姗，译．北京：法律出版社，2008：67-68.

[50] 霍温坎普 H．联邦反托拉斯政策：竞争法律及其实践 [M]．许光，江山，王晨，译．北京：法律出版社，2009：649.

[51] 胡发贵．儒家文化与爱国传统［M］．上海：上海社会科学院出版社，1998.
[52] 江必新．新民事诉讼法执行程序讲座［M］．北京：北京大学出版社，2012：51.
[53] 江伟．民事诉讼法学［M］．北京：北京大学出版社，2015：469.
[54] 李浩．民事诉讼法学［M］．北京：法律出版社，2016：535.
[55] 波斯纳 R A．反托拉斯法［M］．孙秋宁，译．2版．北京：中国政法大学出版社，2003：324-329.
[56] 林三钦．法令变迁、信赖保护与法令溯及适用［M］．台北：新学林，2008.
[57] 林文．中国反垄断行政执法报告（2008—2015）［M］．北京：知识产权出版社，2016：106.
[58] 刘宁元．比较法视野下中国反垄断法运行机制研究［M］．北京：法律出版社，2015.
[59] 刘宁元．中外反垄断法实施体制研究［M］．北京：北京大学出版社，2005：244.
[60] 考特 R D，尤伦 T S.法和经济学［M］．施少华，姜建树，等译．上海：上海财经大学出版社，2002.
[61] 马生安．行政行为研究——宪政下的行政行为基本理论［M］．济南：山东人民出版社，2008.
[62] 美国司法部反托拉斯局．美国反托拉斯手册［M］．文学国，黄晋，等译，4版．北京：知识产权出版社，2012：37.
[63] 盖尔霍恩 E，科瓦契奇 W，卡尔金斯 S，等．反垄断法与经济学［M］．任勇，邓志松，尹建平，译．北京：法律出版社，2009：87-528.
[64] 彭漪涟，马钦荣．逻辑学大辞典［M］．上海：上海辞书出版社，2010.
[65] 漆多俊．市场、调节机制与法律的同步演变［M］．北京：中国方正出版社，1999：10.
[66] 全国人大常委会法制工作委员会经济室．中华人民共和国反垄断法条文说明、立法理由及相关规定［M］．北京：北京大学出版社，2007：270.
[67] 时建中．反垄断法：法典释评与学理探源［M］．北京：中国人民大学出版社，2013：58.
[68] 史际春．反垄断法理解与适用［M］．北京：中国法制出版社，2007：97.
[69] 王晓晔．反垄断法［M］．北京：法律出版社，2011：27.
[70] 王晓晔．王晓晔论反垄断法［M］．北京：社会科学文献出版社，2010：145.

[71] 王中美．美国反托拉斯法精解［M］．上海：上海交通大学出版社，2011：100.

[72] 湛中乐．行政调解、和解制度研究：和谐化解法律争议［M］．北京：法律出版社，2009：67.

[73] 张守文，于雷．市场经济与新经济法［M］．北京：北京大学出版社，1993.

[74] 张文显．法学基本范畴研究［M］．北京：中国政法大学出版社，1993.

[75] 稗贯俊文，张广杰．日本反垄断法的修订及其最新发展［J］．华东政法大学学报，2016（4）：160-172.

[76] 陈光中．刑事和解的理论基础与司法适用［J］．人民检察，2006（10）：5-7.

[77] 崔卓兰．试论非强制行政行为［J］．吉林大学（社会科学学报），1998（5）：29-33.

[78] 刁小娟．试析反垄断法中公共利益的界定［J］．法制与经济，2012（4）：52-53.

[79] 韩立余．欧盟反托拉斯法的现代化［J］．法学家，2004，1（5）：142-151.

[80] 贺运生，李国海．论反垄断法中的准司法机关［J］．求索，2006（9）：116-118.

[81] 胡锦光，王锴．论我国宪法中“公共利益”的界定［J］．中国法学，2005（1）：18-27.

[82] 胡彦华，韩景．非强制性行政行为的法律思考［J］．河北经贸大学学报（综合版），2008，8（2）：34-36.

[83] 黄义．对经营者承诺制度的理性审思与解释适用——基于反垄断执法实践的分析［J］．价格理论与实践，2014（5）：29-31.

[84] 黄勇，赵栋．经营者承诺制度研究［J］．价格理论与实践，2012（2）：12-13.

[85] 冀梦娇．中国反垄断法中承诺制度的起源与发展——基于德国和欧盟经验的思考［J］．中德法学论坛，2016（1）：18.

[86] 江凌，产申伟．和谐语境下的权力运作——行政和解制度探析［J］．行政法学研究，2012（1）：44-50.

[87] 焦海涛．反垄断法承诺制度适用的程序控制［J］．法学家，2013，1（1）：81-97.

[88] 李采益．反垄断执法承诺制度中第三人权益保护的对象［J］．法制与社会，2014（32）：28-29.

[89] 李建琴．政府俘虏理论与管制改革思路［J］．经济学动态，2002（7）：70-73.

[90] 李剑．中国反垄断执法机关间的竞争——行为模式、执法效果与刚性权威的克服［J］．法学家，2018（1）：83-100.

[91] 李旭东，段小兵．试论我国合同信赖利益损害赔偿制度的完善［J］．西南大学学报（社会科学版），2007，33（3）：123-127.

[92] 林文，甘蜜．中国反垄断行政执法大数据分析报告（2017）［J］．竞争法律与政策评论，2017（1）：30.

[93] 林文，甘蜜．中国反垄断行政执法大数据分析报告（2017）［J］．竞争法律与政策评论，2017（1）：236.

[94] 林秀弥，王先林，陈贺明．日本禁止垄断法的最新发展［J］．上海交通大学学报（哲学社会科学版），2007，15（4）：21-28.

[95] 刘桂清．反垄断执法中的和解制度研究［J］．当代法学，2009，23（2）：23-29.

[96] 刘继峰．概念外延的变动及其法律适用——以反垄断法中致害人和受害人为中心［J］．法学论坛，2009，24（3）：58-63.

[97] 刘凌梅．西方国家刑事和解理论与实践介评［J］．现代法学，2001（1）：152-154.

[98] 刘守芬，李瑞生．刑事和解机制建构根据简论［J］．人民检察，2006（14）：6-9.

[99] 刘水林．经济法责任体系的二元结构及二重性［J］．政法论坛：中国政法大学学报，2005，23（2）：95-102.

[100] 娄丙录．反垄断法宽恕制度的理论基础与实效保障［J］．西北政法大学学报，2010（5）：84-92.

[101] 潘丹丹．反垄断法不确定性的意义追寻——从分析实证主义解读走向社会功利主义解读［J］．学习与探索，2014（10）：74-80.

[102] 潘丹丹．公平原则的多重理解与反垄断法的不确定性［J］．学术交流，2009（9）：43-45.

[103] 潘志成．欧共体委员会关于第139/2004号理事会条例和第802/2004号委员会条例项下可接受的经营者集中救济措施通告（2008）［J］．经济法学评论，2011（1）：55.

[104] 盛杰民，叶卫平．反垄断法价值理论的重构——以竞争价值为视角［J］．现代法学，2005，27（1）：107-111.

[105] 时建中，陈鸣．反垄断法中的准司法制度构造［J］．东方法学，2008（3）：53-62.

[106] 谭秋桂，陈浩．民事执行和解若干问题分析［J］．强制执行指导与参考，2005（14）：129.

[107] 王超，张瑞萍．反垄断和解的运用与功能评析［J］．北京交通大学学报（社会科学版），2009，8（1）：100-103.

[108] 王超．反垄断纠纷和解的经济学效率原则分析［C］．北京：第三届中国法学博士后论坛（2010）论文集，2010：381-389.

[109] 王 ．论反垄断法的价值目标冲突及协调［J］．政法论丛，2015（3）：138-144.

[110] 王立南．论反垄断法中的经营者承诺制度［J］．中国商论，2015（4）：41-45.

[111] 王锡锌．行政自由裁量权控制的四个模型——兼论中国行政自由裁量权控制模式的选择［J］．北大法律评论，2009（2）：311-328.

[112] 王先林，何敏．反垄断案件调查中非正式的协商和解程序规则的初步设计［J］．工商行政管理，2006（11）：29-30.

[113] 王先林．论反垄断法的基本价值［J］．安徽大学学报（哲学社会科学版），2002，26（6）：15-19.

[114] 王先林．论反垄断法中的控制企业结合制度——兼析《中华人民共和国反垄断法（修改稿）》的相关规定［J］．法商研究，2006（1）：17-23.

[115] 王先林．论反垄断民事诉讼与行政执法的衔接与协调［J］．江西财经大学学报，2010（3）：87-91.

[116] 谢鹏程．刑事和解的理念与程序设计［J］．人民检察，2006（14）：13-15.

[117] 叶高芬．欧美忠实折扣比较研究及其对中国的启示［J］．比较法研究，2010，24（5）：64-79.

[118] 叶军．经营者集中反垄断审查之皇冠宝石规则研究［J］．中外法学，2016，28（4）：1057-1082.

[119] 叶秋华，洪荞．论公法与私法划分理论的历史发展［J］．辽宁大学学报（哲学社会科学版），2008，36（1）：141-146.

[120] 尹亚军．“问题导向式立法”：一个经济法立法趋势［J］．法制与社会发展，2017（1）：68-80.

[121] 游钰．反垄断法价值论［J］．法制与社会发展，1998（6）：27-31.

[122] 游钰．论反垄断执法相对人的利益保护［J］．厦门大学学报（哲学社会科学版），2012（2）：102-109.

[123] 梅利曼 J H．大陆法系［M］．顾培东，禄正平，译．3版．北京：法律出版社，2021.

[124] 翟巍．微软欧盟反垄断案例浅析［J］．网络法律评论，2011（1）：26.
[125] 张知干，郑琼现．超越私法：契约的另类意义［J］．学术研究，2009（4）：49-57.
[126] 赵西巨．欧盟法中的司法审查制度：对《欧共体条约》第230条的释读——以欧洲法院的判决为视角［J］．北大法律评论，2005（1）：593-615.
[127] 郑鹏程．论现代反垄断法实施中的协商和解趋势——兼论行政垄断的规制方式［J］．法学家，2004，1（4）：92-97.
[128] 周光权．论刑事和解制度的价值［J］．华东政法大学学报，2006（5）：138-142.
[129] 陈思．行政承诺制度研究［D］．武汉：中南民族大学，2011.
[130] 黄伟平．日本不公正交易行为反垄断规制研究［D］．长沙：湖南大学，2015.
[131] 金美蓉．核心卡特尔规章制度研究［D］．北京：中国人民大学，2008.
[132] 谭炜杰．行政诉讼和解研究［D］．北京：中国政法大学，2011.
[133] 唐刚．论反垄断法上的公平与效率价值［D］．成都：西南交通大学，2008.
[134] 张靖．反垄断法罚款制度之法经济学研究［D］．杭州：浙江理工大学，2015.
[135] 朱大勇．论刑事和解及其本土运行模式［D］．南京：南京大学，2011.

索引

第三人权益保护机制—125
反垄断—1-3，5-22，29-36，38-41，45-64，66-68，71-73，76，78-87，90-95，97，100-104，108，109，111，115，116，121-124，126，127，131-133，136-143
公共利益保护—12，75，81
和解协议—1-4，9，13，16，18，21，23-25，29，32-35，37-39，41，51，56，68-73，75-77，80，81，86，87，89，90，92，97-101，103-120，124-131，140
竞争执法机关—71，136
利益保护平衡原则—80
同意判决—2-4，6，10，15，16，19，32，39，40，50，65，69，72，81，86，87，97，106-108，110，111，118，119，121，126，132，133
意思自治原则-79，80
中止调查—11，45，55-63，65-68，70-72，75，76，91，93，98，

99，102，104，106，109，110，113-115，122，124，127，131，140

执法和解—1-3，5，6，8-19，21，22，28，29，33-40，45，47，48，50-52，55，56，58-61，63，65，66，68-70，75，79，81，82，85-88，90-98，100-102，105，109，112，113，115，116，125，128，129-132，138-140，143